ADAC Reiseführer

Rügen

Hiddensee Stralsund

von Gabriel Calvo Lopez-Guerrero
und Sabine Tzschaschel

W0083966

☐ Intro

Rügen Impressionen 6

Seebäderromantik, Traumstrände
und Naturidyllen

Geschichte, Kunst, Kultur
im Überblick 12

Ranen, Schweden, Preußen – Rügens
Weg zum deutschen Badeparadies

☐ Unterwegs

Rügens Südwesten – verträumte
Dörfer und bezaubernde Städtchen 18

1 Altefähr 18
2 Rambin 19
3 Bergen 21
4 Putbus 24
   Circus 25
   Alleestraße und Markt 26
   Schlosspark 28
   Wreechen 29
   Neukamp 29
   Wreechensee 30
5 Lauterbach,
   Insel Vilm und Vilmnitz 31
6 Garz 34
7 Groß Schoritz und Zudar 37
8 Poseritz und Gustow 39

Im Südosten – der unwiderstehliche
Charme der klassischen Ostseebäder 41

9 Ostseebad Binz 41
10 Prora 45
11 Zirkow 47
12 Jagdschloss Granitz 48
13 Lancken-Granitz
   und Having 49
14 Ostseebad Sellin 52
15 Ostseebad Baabe 54
16 Ostseebad Göhren 56
17 Middelhagen 59
18 Lobbe und Zickersches Hövt 61
19 Ostseebad Thiessow 63

Jasmund – die windumtoste Schöne 65

20 Sassnitz 65
Neu Mukran 67
21 Nationalpark Jasmund und Stubnitz 69
22 Lohme 72
23 Bobbin und Schloss Spyker 73
24 Glowe 75
25 Sagard 76
26 Lietzow 77

Wittow – Windland am Nordkap Deutschlands 79

27 Ostseebad Breege-Juliusruh 79
28 Altenkirchen 81
29 Kap Arkona 83
30 Vitt 86
Riesenberg von Nobbin 88
31 Bakenberg und die Nordküste 89
32 Dranske und Bug 89
Lancken 90
Kuhle 90
33 Wiek 91
Wittower Fähre 91

Westrügen und Hiddensee – Naturreservat, Kranichrefugium und meerumspülte Inselwelt 93

34 Ralswiek 93
35 Gingst 96
36 Waase 98
37 Ummanz 99
38 Großer Jasmunder Bodden 101
39 Schaprode 102
40 Hiddensee 104
Dornbusch 105
Bessin 106
Kloster 106
Vitte 108
Neuendorf 110
Gellen 111

Stralsund – Brückenpfeiler zur Insel Rügen 115

41 **Stralsund 115**
Vom Neuen zum Alten Markt 116
Giebelhäuser, Tore und
  Stadtmauer 119
Der Museumskomplex im
  Katharinenkloster 120
Am Altstadtrand 122
Im Hafen 124
Im Grünen 124
Dänholm 125

Rügen Kaleidoskop

Der Rügendamm – die Straße
  über den Sund 20
Ein rügensches Original:
  der Rasende Roland 28
Leben und Werk von
  Ernst Moritz Arndt 35
Der Reiz der Seebäderarchitektur 43
Kraft durch Freude oder Urlaub
  nach der Trillerpfeife 46
Biosphärenreservat
  Südost-Rügen 51
Vom Wirken des Meeres, von
  Strandgut und Bernstein, Feuer-
  steinen und Hühnergöttern 67
Das Rügen Caspar David
  Friedrichs 70
Kreide – weder für Lehrer noch
  für den großen bösen Wolf 75
Pfarrer Kosegarten – Historiker,
  Philosoph und Heimatdichter 82
Slawen, Ranen und Burgwälle 84
Das abenteuerliche Leben
  des Klaus Störtebeker 95
Graue Eminenzen in Vorpommerns
  Boddenlandschaft 101
Wie Hiddensee entstanden ist 107
Prominentenkolonie Hiddensee 109
Eine würdevolle Baukunst –
  die Backsteingotik 121
Unterhaltung garantiert 126

Karten und Pläne

Rügen und Hiddensee
  vordere Umschlagklappe
Stralsund
  hintere Umschlagklappe
Bergen 21
Putbus 24
Göhren 56
Sassnitz 65

☐ Service

Rügen aktuell von A bis Z   129

Vor Reiseantritt 129
Allgemeine Informationen 129
Anreise 130
Bank und Post 131
Denkmäler 131
Einkaufen 131
Essen und Trinken 132
Feste und Feiern 132
Klima und Reisezeit 133
Kultur live 133
Kurtaxe 134
Nachtleben 134
Nationalparks 134
Sport 134
Statistik 136
Unterkunft 137
Verkehrsmittel im Land 138

Register   141

Liste der lieferbaren Titel 140
Impressum 143
Bildnachweis 143

Leserforum

Die Meinung unserer Leserinnen und Leser ist wichtig, daher freuen wir uns von Ihnen zu hören. Wenn Ihnen dieser Reiseführer gefällt, wenn Sie Hinweise zu den Inhalten haben – Ergänzungs- und Verbesserungsvorschläge, Tipps und Korrekturen – dann kontaktieren Sie uns bitte:

Redaktion ADAC Reiseführer
ADAC Verlag GmbH
Am Westpark 8, 81365 München
Tel. 089/76 76 41 59
verlag@adac.de
www.adac.de/reisefuehrer

Rügen Impressionen
Seebäderromantik, Traumstrände und Naturidyllen

Wer einmal auf Rügen war, kommt immer wieder zurück, denn die Insel zieht jeden in ihren Bann. Ganz gleich zu welcher Jahreszeit fasziniert das Eiland mit den vielen Gesichtern, von denen nur eines die glanzvolle Bäderherrlichkeit der frisch renovierten Badeorte **Binz**, **Sellin** und **Göhren** im Südosten ist. Ein anderes zeigt sich im ländlichen Westen der Insel, wo kleine Dörfer wie **Gingst** und **Waase** mit ihren mittelalterlichen Backsteinkirchen und rohrgedeckten Häuschen Ruhe und Beschaulichkeit atmen. Ein weiteres Gesicht der sonnenreichen Insel sind die urwüchsigen, imposanten Steilküsten der **Stubbenkammer**, windige Höhen und einsame steinige Ufer. Schließlich gibt es aber auch das stille liebliche Rügen der Boddenlandschaft bei **Ummanz**, bei **Lauterbach** und rund um den **Großen Jasmunder Bodden**, mit den weiten Horizonten über flachen Buchten, Sümpfen und Wiesen, mit den Entenschwärmen, die sich flatternd in die Luft erheben, und den trompetenden Kranichzügen im fahlen Licht der Dämmerung.

Und dann ist da noch die kleine Schwester, die ebenfalls ein eigenes Gesicht hat – **Hiddensee** mit einer kurzen, aber ruhmreichen Geschichte als Insel der Künstler und Prominenten, Hiddensee als Insel der Fischer und Lotsen, Hiddensee als Trauminsel, eine Symphonie in Blau und Grün. Hier stehen Naturerleben und Abgeschiedenheit im Vordergrund: Kein Nachtleben und keine mondänen Flaniermeilen erwarten den Besucher, nur einsame Strände und Dünenheide.

Badespaß, Sport und Wellness

Wellness ist die neue Wunderformel der stressgeplagten Menschen für den Urlaub, das Verwöhnen von Körper und Geist mit allen erdenklichen Wohltaten. Und genau das bietet Rügen mit seiner abwechslungsreichen Landschaft, seinen komfortablen Hotels und den vielfältigen

Kur- und **Badeangeboten**. Wer das Badevergnügen sucht, der wird es auf Rügen in allen Variationen finden: im Strandkorb oder lang ausgestreckt auf dem Sand, unbekleidet oder mit Badehose, in einer seichten Bucht oder im anbrandenden Meer, an einsamen Fleckchen oder am bevölkerten Stadtstrand. Allein insgesamt 70 km langer breiter **Sandstrand** stehen auf Rügen und Hiddensee zur Verfügung, dazu kommen viele kleinere Strände an Buchten und vor Steilküsten, an Bodden und Inseln. Das **Freizeitangebot** ist nahezu unbegrenzt und bietet für alle Altersgruppen und zu jeder Jahreszeit etwas. Die einen locken Surf- und Segelkurse, Bootsausflüge und Angelfahrten, Wasserrutschen und Beachvolleyball, andere reizen erlebnisreiche Fahrradtouren oder herbstliche bzw. winterliche Strandspaziergänge, die Lunge voller salziger Seeluft, in der Nase der würzige Geruch von Seetang und feuchten Blättern und am Ziel belohnt ein heißer Grog oder ein kühles Bier.

Zauberwälder und Kreidefelsen

Wanderungen und Spaziergänge auf Rügen haben ihren ganz eigenen Reiz. Vielen Orten wohnt etwas Mystisches inne. Man spürt dies, wenn man durch die uralten Wälder der **Granitz** geht, an jahrtausendealten Grabstätten wie den **Woorker Bergen** westlich von Ralswiek vorbeikommt, die gruseligen Mordwangen betrachtet, die einst ein Mörder zur Sühne aufstellen musste, oder seltsam geformte Steine an den Ufern und in den Heiden findet. Aber nicht nur mystisch, sondern auch großartig ist diese Natur, die man hier so unmittelbar erlebt. Die Schönheit der Küstenlandschaft, der Kreidefelsen, der großen Wälder und der weiten Hochplateaus beeindruckt und bezaubert. Im **Natlonalpark Jasmund**, dem **Biosphärenreservat Südost-Rügen** und der **Vorpommerschen Boddenlandschaft** wird darauf geachtet, dass die Natur sich ungehindert entfalten und der Mensch gleichzeitig seine Traditionen bewahren kann. Den Besucher erwarten grandiose Landschaftsimpressionen und eine artenreiche Flora und Fauna.

z. B. Sanddornkuchen serviert werden, wo hübsche Geschäfte und elegante Hotels locken, Kinder genüsslich Eis schlecken, Jugendliche verlegen Urlaubslieben entdecken und Rentner zufrieden in der Abendsonne sitzen – das gehört genauso zu Rügen wie der Strand, die Natur

Glanz der alten Bäderherrlichkeit

Ein Bummel durch die Straßen der malerischen Seeorte, in denen sich liebevoll renovierte Bädervillen aneinanderreihen, wo auf gemütlichen Terrassen fangfrischer Fisch und leckere Spezialitäten wie

Links: *Weit reicht der Blick an der Kreideküste entlang und über die Ostsee*
Oben: *Nur die Ruhe – hingebungsvoller Sonnenanbeter am Strand von Baabe*
Unten: *Bei Neuendorf auf Hiddensee weist der Süderleuchtturm Schiffen den Weg*

tigen Freizeitvergnügungen miterlebt und mitgestaltet haben.

Vier grundverschiedene Städtchen sollen als jede auf ihre Weise typisch genannt sein: die fürstliche Residenzstadt **Putbus**, ein Kleinod klassizistischer Architektur, **Bergen**, die geschäftige Hauptstadt, **Binz**, die Königin der Badeorte mit stolzer Seebrücke und quirliger Strandpromenade, eleganten Hotels und Restaurants, und schließlich **Sassnitz** mit dem neuen Fährhafen, das seinen alten Stadthafen und das historische Ortszentrum wirkungsvoll neu in Szene setzt.

Ausflüge über die Insel

und die **Rüganer**. So nämlich nennen sich die freundlichen Inselbewohner, die den Wandel der Insel vom Landwirtschaftszentrum und Camping-Dorado der DDR zum renommierten Ferienziel mit vielsei-

Die an den Extrempunkten etwa 50 x 40 km große Insel Rügen ist nicht einfach zu erkunden. Wie ein Tintenklecks sieht sie auf der Landkarte aus, zerfleddert von einer Unzahl von Buchten und Einschnitten,

Nehrungen und Bodden, nur an schmalen Stellen zusammengehalten. Jede Region hat ihren eigenen Charakter und ihre eigene Schönheit. Und für jeden Inselteil gibt es eine adäquate Form, ihn zu bereisen. Den **Süden** sieht man am besten auf einer romantischen Fahrt mit dem Eisenbahn-Methusalem, dem **Rasenden Roland**, der von Lauterbach über Putbus die Ostseebäder Binz, Sellin, Baabe und Göhren anfährt. Der **Westen** erschließt sich mit seinen großen Feldern und kleinen Orten bei einer Autofahrt auf wunderbaren alten Alleen, die bis in die hintersten Boddenwinkel reichen. Die Halbinsel **Wittow** mit ihrem baumlosen Hochplateau bietet herrliche Strecken für eine Fahrradtour bis hinauf zum viel besuchten **Kap Arkona**. Die Halbinsel **Jasmund** dagegen sollte man bei einer Wanderung durch den Wald der **Stubnitz** zum legendären **Königsstuhl** und entlang der Steilküste nach **Lohme** erkunden.

Bleibt noch **Hiddensee** – und auch das hat ›sein‹ Verkehrsmittel, nämlich die nostalgisch anmutende Pferdekutsche, die auf der autofreien Insel das Taxi und den Bus ersetzt, will man nicht selber auf dem Fahrrad in die Pedale treten.

Links oben: *Urlaub in Binz – Räkeln im Strandkorb oder direkt im warmen Sand*
Links Mitte: *Fotogen hinterfängt die Selliner Seebrücke das Strandgeschehen*
Links unten: *Unübersehbar – die Blaue Scheune in Vitte auf Hiddensee*
Oben: *Blendend weiß sind die Villen im Bäderstil an der Binzer Strandpromenade*
Unten: *Grüne Laubdächer spenden auf zahlreichen Landstraßen Rügens Schatten*

Von der Steinzeit übers Mittelalter zur Jahrhundertwende

Wer nach Rügen kommt, kommt nicht an seiner Geschichte vorbei. Sie ist ein Teil der Landschaft und es macht Spaß, sie zu erkunden. Da erweist sich ein großer Stein als aus Schweden stammender **Findling**, baumbestandene Buckel auf den Feldern entpuppen sich als steinzeitliche **Hünengräber**, ungewöhnlich geformte Erdhügel als slawische **Burgwälle**. Kein Ort, der nicht eine **gotische Backsteinkirche** hätte, eine so hübsch wie die andere, feierlich beeindruckend und manchmal mit humorvollen Details. Nur im Südosten fehlen sie, denn dort begann die spezielle Geschichte der Badezentren ja erst im 19. Jh. und die Orte sind von den charmanten Bauten der **Gründerzeit** und des **Jugendstil** geprägt. Auch das 20. Jh. hat

Mitte: *In Stein wacht Fürst Wilhelm Malte über den Putbuser Schlosspark*
Unten: *Klettervergnügen für Schwindelfreie – Wendeltreppe im Jagdschloss Granitz*
Rechts oben: *Jagdschloss Granitz*
Rechts Mitte: *Evangelist Markus an der Kanzel (1775) der Bergener Marienkirche*
Rechts unten: *Stralsunder Rathaus und Nikolaikirche in abendlichem Lichterglanz*

seine Spuren hinterlassen – zumeist unschöne. Viele der Militäranlagen, die es auf der Insel gab, sind inzwischen jedoch wieder verschwunden. Geblieben ist – wie ein Mahnmal – das längste Gebäude Deutschlands, der **Koloss von Prora** als Relikt des Nationalsozialismus.

Stralsund und die Macht der Gotik

Rügen ist nicht ohne sein Gegenstück zu denken – das urbane **Stralsund**, zwar keine Großstadt, aber eine dicht bebaute, von einer langen Tradition geprägte Hansestadt. Drei meisterhafte große gotische Kirchen, gotische Stadttore und -mauern, große Speicher und prächtige Treppengiebelhäuser in Backsteinbauweise sprechen vom Reichtum der Stadt im 14. und 15. Jh. In den romantischen Gassen, auf stimmungsvollen Plätzen und am kleinen Hafen gibt es gemütliche Gaststätten, Kneipen und schöne Geschäfte. Und die faszinierenden Museen in alten Klostergemäuern reichen aus, um auch mehrere Regentage zu überbrücken. Unvergesslich wird jedem ein Besuch im **Deutschen Meeresmuseum** bleiben.

Der Reiseführer

Der Band stellt die Insel **Rügen** und ihre kleine Schwester **Hiddensee** in fünf Kapiteln vor und widmet ein sechstes ihrem Eingangstor, der Hansestadt **Stralsund**. Die **Praktischen Hinweise** im Anschluss an die Besichtigungspunkte informieren über Fremdenverkehrsämter, über ausgesuchte Restaurants, Hotels und Pensionen. Angaben zu Bootsausflü-

gen und Anbietern verschiedener Sport-
arten sowie besondere Einkaufstipps er-
gänzen das Angebot. Die Seiten **Rügen
aktuell A bis Z** liefern wichtige Informationen vor Reiseantritt sowie Hinweise
von Anreise über Einkaufen, Essen und
Trinken, Klima und Reisezeit, Kultur, Sport
und Unterkunft bis zu Verkehrsmitteln im
Land. Die **Top Tipps** lenken den Blick auf
die ganz besonderen Attraktionen der Insel: feinsandige Strände, markante Landschaften, wunderschöne Hotels, außerge-
wöhnliche Museen u. v. m. Eine schnelle
Orientierung ermöglicht das bewährte
Nummernsystem in Verbindung mit de-
taillierten **Stadtplänen** und **Übersichts-
karten**. Ein **Kaleidoskop** von Kurzessays
zu landestypischen Themen rundet den
Reiseführer ab.

Geschichte, Kunst, Kultur im Überblick

Ranen, Schweden, Preußen –
Rügens Weg zum deutschen Badeparadies

8000 v. Chr. Schon in der Altsteinzeit war Rügen bewohnt, wie Funde von bearbeiteten Rentiergeweihen im Garzer Moor beweisen.

4500 v. Chr. In der Mittelsteinzeit werden Großsteingräber, aus Findlingen gebaute Grabstätten, innerhalb abgezirkelter sog. Hünenbetten angelegt, etwa das Großsteingrab bei Lancken-Granitz, der Riesenberg von Nobbin und das Herzogsgrab auf dem Mönchgut.

4000–3500 v. Chr. In der Nähe von Lietzow wurden im Moor 20 000 zu Äxten, Beilen und Sägen behauene Feuersteine und verzierte Keramikgefäße mit Opfergaben gefunden, die auf entwickelte Kulturen in der Jungsteinzeit hinweisen. Die ›Lietzow-Kultur‹ stellt den Übergang vom wandernden Jäger zum sesshaften Bauern dar.

1800–600 v. Chr. In der Bronzezeit lösen Einzelbestattungen die Großsteingrabkultur ab. Die etwa 600 Rügener Hügelgräber sind bis zu 15 m hohe Grabhügel, wie z. B. der Dobberworth bei Sagard. In ihnen fand man verzierte Gegenstände wie Schwerter, Beile, Gürtelbeschläge, Armringe oder Schalen aus Bronze. Viele davon sind im Kulturhistorischen Museum in Stralsund zu sehen.

200 v. Chr.–375 n. Chr. Es bestehen Handelskontakte mit Römern und Phöniziern, die auf der Suche nach Bernstein bis in den hohen Norden kommen. Dies belegen Funde römischen Kunsthandwerks.

ab 300 v. Chr. Während der Eisenzeit lassen sich swebische Stämme auf der Insel nieder. Ihnen folgt der ostgermanische Stamm der Rugier, von dem die Insel ihren Namen hat.

200–600 n. Chr. Zur Zeit der Völkerwanderung verlassen die Rugier Rügen.

Ende der 6. Jh. Auf der Insel lassen sich die Ranen nieder, ein seefahrender kriegerischer Slawenstamm aus dem Osten. Sie bauen in Garz, auf dem Rugard bei Bergen und in anderen Orten Burgwälle, die gleichzeitig Festungsbauwerke und Kultstätten sind. Das größte ihrer Heiligtümer ist die Tempelburg für den Gott Svantevit am Kap Arkona.

um 1000 Erste schriftliche Nennung von Rügen in der Chronik des Thietmar von Merseburg (975–1018) und in der Hamburgischen Kirchengeschichte des Adam von Bremen (um 1040–1080).

1160 Waldemar I. von Dänemark, der Heinrich der Löwe sowie die Pommernherzöge Cazimir II. und Bogislaw II. schließen einen Pakt, um die Ranen als letzten freien Ostslawenstamm zu bekämpfen. Helmold von Bosau (1125–1177) berichtet über Rügen in seiner ›Chronica Slavorum‹ (1163–72).

1168 Das dänische Heer unter Waldemar I. und Bischof Absalon von Roskilde erobert am 15. Juni die Jaromarsburg von Arkona, verbrennt die Statue des Gottes Svantevit und macht den

◁ *Im 9. Jh. gefertigt, wurde der ›Hiddenseer Goldschatz‹ erst 1872 entdeckt*

Slawenfürsten Jaromar I. zu einem dänischen Lehnsabhängigen. Der dänische Chronist Saxo Grammaticus (um 1150–1220) berichtet von der Eroberung in seinen ›Gesta Danorum‹. Die Dänen werden Herren von Rügen und Hiddensee und beginnen mit deren Christianisierung.

um 1180 Jaromar I. residiert nach der Zerstörung der Burgwälle von Arkona und Garz auf dem Rugard bei Bergen und erbaut die erste Backsteinkirche der Insel, die Marienkirche in Bergen.

1193–1231 Gründung des Zisterzienserinnenklosters von Bergen durch Jaromar I. (1193). Im dänischen Einflussgebiet entstehen weitere Zisterzienserklöster: Eldena (1199) bei Greifswald und Neuenkamp (1231) bei Franzburg. Von diesen Klöstern aus werden im 13. Jh. Rügen und Hiddensee mit Bauern aus Westfalen, Niedersachsen und der Altmark kolonisiert.

1234–50 Der dänische Fürst Witzlaw I. gründet 1234 Stralsund. In der Folgezeit entstehen zahlreiche Kirchen, wie die von Altenkirchen, Schaprode, Vilmnitz und Bobbin.

1252 Die Zisterziensermönche von Eldena verwalten die Ländereien um Reddevitz als ›der monneken gode‹, was später zu Mönchgut wurde.

1293 Die Hanse, 1266 aus einer Vereinigung von Kaufleuten der Nord- und Ostsee entstanden, wird unter Vorsitz der Stadt Lübeck zu einem Schutzbündnis und einer mächtigen Handelsorganisation nordeuropäischer Städte, zu denen auch Stralsund gehört.

1296/97 Der rügensche Fürst Witzlaw II. schenkt dem Zisterzienserkloster von Neuenkamp die Insel Hiddensee.

1304 Eine Sturmflut reißt Teile des Mönchguts mit sich. – Fürst Witzlaw III., der als einer der letzten Minne-

sänger in die Literaturgeschichte eingeht, führt Deutsch als Amtssprache ein.

1319 Im ältesten überlieferten Steuerregister wird die Stadt Garz erwähnt, sie ist somit älteste Stadt der Insel.

1325 Mit dem Tod von Witzlaw III. stirbt die Linie der slawischen Rügenfürsten aus. Rügen und Hiddensee fallen ans Herzogtum von Pommern-Wolgast. Die Kirchenhoheit bleibt beim dänischen Bistum Roskilde. Der Landbesitz der Kirche wird von einem Landpropst mit Sitz in Ralswiek verwaltet.

1334 Der Stralsunder Ratsherr Godeke von Wickede stiftet das Kloster St. Jürgen in Rambin.

ab 1365 Die pommerschen Herzöge übertragen ausgedehnte Ländereien auf Rügen an Adelige, die sich dann dort niederlassen. Fast ein Drittel von Rügen ist in Händen der Herren von Putbus, die der Kirche und der dänischen Krone Abgaben entrichten müssen.

1370 Die Hanse bekämpft die Vormacht der Dänen im Ostseeraum; nach ihrem Sieg wird ihr von den Dänen im Frieden von Stralsund weitgehende Handelsfreiheit im gesamten Ostseeraum garantiert.

1401 Der Jasmunder Pirat Klaus Störtebeker wird festgenommen und 1402 in Hamburg hingerichtet.

1534 Im Zuge der Einführung des protestantischen Glaubens in Pommern als Landesreligion werden die Klöster von Bergen und Hiddensee säkularisiert, die Ländereien gehen in den Besitz der pommerschen Herzöge über.

1613 Bergen erhält das Stadtrecht.

1616 Mit dem Erlass der ›Bauern- und Schäferordnung‹ wird die traditionelle Leibeigenschaft in Pommern gesetzlich verankert.

Die Bauern können mit dem Land verkauft werden.

1618–48 Im Dreißigjährigen Krieg plündern kaiserliche, dänische und schwedische Soldaten die Insel. Kriegsbedingte Hungersnot und eine Pestepidemie suchen Rügen heim.

1630 Der schwedische König Gustav II. Adolf verpfändet das Mönchgut an die Stadt Stralsund.

1637 Mit dem Tod von Bogislaw XIV. stirbt das pommersche Fürstenhaus aus. Rügen wird unter Verwaltung des Kurfürsten von Brandenburg gestellt.

1648 Der Westfälische Frieden erkennt Rügen, Hiddensee und Teile Pommerns Schweden zu.

1674–79 Im Schwedisch-Dänischen Krieg verbündet sich Preußen mit Dänemark; der Große Kurfürst Friedrich Wilhelm I. von Brandenburg landet in der Bucht von Putbus, es gelingt ihm jedoch nicht, die Schwedenherrschaft zu brechen.

1700–20 Im Nordischen Krieg versuchen Preußen, Russland und Polen erneut, die Schweden zu besiegen. Preußische Truppen landen 1715 an der Südküste Rügens und gewinnen eine Schlacht gegen die schwedischen Truppen von König Karl XII.

1720 Der Frieden von Stockholm bestätigt die Schwedenherrschaft auf Rügen.

1769 Rügener Bauern rebellieren gegen die Leibeigenschaft und fliehen in Booten nach Usedom.

1774 Präpositus Picht, Pastor in Gingst, bekommt als Erster die Erlaubnis der schwedischen Regierung, die Leibeigenschaft in seiner Pfarrei aufzuheben.

1783 Von den 21 254 Einwohnern Rügens sind nur 6226 freie Bürger.

1795 Anlage des Parks und Gutshauses der Herren von Lancken in Juliusruh mit anschließendem Ausbau als Kurpark.

Züchtig war die Kleidung beim Badevergnügen anno 1910 auf Rügen

1803 Die Publikation des ›Versuchs einer Geschichte der Leibeigenschaft in Pommern und Rügen‹ von Ernst Moritz Arndt, selbst Sohn eines freigelassenen Leibeigenen, sorgt für großes Aufsehen.

1806 Eine Verordnung des schwedischen Königs Gustav IV. Adolf ›Für alle deutschen Gebiete der schwedischen Krone‹ hebt die Leibeigenschaft auf.

1808 Fürst Wilhelm Malte I. (1783–1854) gründet Putbus als Residenz und Badeort.

1815 Die Neuordnung Europas beim Wiener Kongress beendet die Vorherrschaft Schwedens und teilt Rügen und Hiddensee Preußen zu.

1816–27 Fürst Wilhelm Malte I. erbaut das ›Badehaus in der Goor‹ in Lauterbach sowie ein Theater, eine Orangerie, einen Kursaal und Logierhäuser für Gäste in Putbus.

1824 Am 1. Mai beginnt der erste regelmäßige Fährbetrieb eines Postdampfschiffs zwischen Stralsund und Ystad in Schweden.

1826/27 Auf Kap Arkona entsteht ein Leuchtturm nach Plänen des klassizistischen Baumeisters Karl Friedrich Schinkel.

1829 Der Greifswalder Gelehrte Friedrich von Hagenow veröffentlicht eine Karte des ›prähistorischen Rügen‹ mit 232 Großsteingräbern. Viele davon werden in den folgenden Jahrzehnten durch Haus- und Straßenbau zerstört. Anfang des 20. Jh. sind noch um die 60 Grabstätten erhalten.

1835 Das Heilgeistspital in Stralsund kauft Hiddensee.

1837–43 Fürst Wilhelm Malte I. von Putbus lässt das fürstliche Jagdschloss Granitz erbauen.

1858 Das Museum von Stralsund (ab 1924 Kulturhistorisches Museum) wird mit einer Sammlung von rund 50 000 archäologischen Funden von Rügen gegründet.

1860–80 Sassnitz und Binz entwickeln sich zu beliebten Badeorten.

1868–83 Bau der Eisenbahnstrecke Altefähr–Sassnitz. Ein Damm trennt von da an den Kleinen vom Großen Jasmunder Bodden.

1872 Nach einer Sturmflut wird am Strand bei Neuendorf der ›Hiddenseer Goldschatz‹, ein 16-teiliger Schmuck der Wikinger aus dem 9. Jh., gefunden.

1895 Zwischen Putbus und Binz wird der erste Streckenabschnitt der Rügener Klein-

bahn ›Rasender Roland‹ eingeweiht. 1899 ist die Verlängerung bis Göhren fertig gestellt.

1897 Beginn des Dampfschiff-Fährverkehrs für Personen und Güter zwischen Sassnitz und Trelleborg in Schweden, der 12 Jahre später mit Eisenbahnfähren erweitert wird.

1912 Ein Dampfer rammt beim Anlegemanöver der Seebrücke von Binz. Sie stürzt zusammen, 14 Menschen finden dabei den Tod. Dies ist der Anlass für die 1913 erfolgte Gründung der Deutschen Lebensrettungsgesellschaft (DLRG) in Leipzig.

1930 Professor Dr. Gerhardt Katsch gründet in Garz das ›Erste Deutsche Diabetikerheim‹, das experimentell das 1921 in Kanada entdeckte Insulin einsetzt.

1936 Fertigstellung des 2,5 km langen Rügendamms, der die Insel mit dem deutschen Festland verbindet.

1938 Baubeginn der nationalsozialistischen Ferienanlage ›Kraft durch Freude‹ in der Bucht von Prora. Das Projekt wird jedoch nicht fertig gestellt.

1945 Am 6. März bombardieren die Alliierten den Hafen von Sassnitz. Die Nationalsozialisten sprengen kurz vor Kriegsende den Rügendamm. Unter sowjetischer Besatzung werden die Gutsbesitzer von Rügen und Hiddensee enteignet.

1946 Auf seiner Lieblingsferieninsel Hiddensee wird am 28. Juli der im schlesischen Agnetendorf am 6. Juni verstorbene Literatur-Nobelpreisträger Gerhart Hauptmann beerdigt.

1952–59 Auf Rügen werden Landwirtschaftliche Produktionsgenossenschaften (LPG) gegründet – zum Teil gegen erhebliche Widerstand der Bauern. In der ›Aktion Rose‹ werden 1953 die Inhaber von Pensionen und Hotels enteignet. Die Bundesländer werden aufgelöst: Rügen, Hiddensee und Stralsund werden dem Bezirk Rostock zugeordnet.

ab 1957 Rügen wird zum größten Ferienziel der DDR ausgebaut, es entstehen Gewerkschafts- und Betriebsferienheime, Jugendlager und zahlreiche Zeltplätze.

1959 Erste Aufführungen des Theaterstücks von Kurt Barthel über den Piraten Klaus Störtebeker auf der Ralswieker Freilichtbühne.

1990 Bei den ersten freien Wahlen im März erlangt auf Rügen und Hiddensee die CDU die meisten Stimmen.

Nach Beitritt zur BRD am 3. Oktober werden die beiden Inseln Teil des neuen Bundeslandes Mecklenburg-Vorpommern mit der Landeshauptstadt Schwerin.

1991 Wirtschaftliche Krise durch Schließung der großen Kombinate und Fabriken. Die Arbeitslosigkeit auf Rügen steigt auf bis zu 30%.

1993 Es beginnen Tausende von Verfahren um Restitutionsansprüche. Franz von Putbus fordert die Rückgabe von Schloss Spyker, das seine Familie 1816 erworben hatte, und von etwa einem Sechstel der Inselfläche, das entspricht der Fläche, die seinem Vater enteignet worden war. – Nach zwölf Jahren Spielpause werden in Ralswiek wieder Störtebeker-Festspiele abgehalten. – Das erste Stück der Deutschen Alleenstraße zwischen Sellin und Stralsund wird eingeweiht.

1994 Die Fährverbindung zwischen dem Festlandhafen Stahlbrode und Zudar wird wieder aufgenommen. Auf Rügen, insbesondere in Binz, setzt eine rege Bautätigkeit ein.

1995 Im November verwüstet die schwerste Sturmflut der letzten 40 Jahre große Küstenbereiche Rügens.

1997 Die Rückübertragungsforderungen von Franz von Putbus werden abgelehnt. – Die Zahl der Fremdenbetten übersteigt die der Einwohner (rund 76 000), welche beständig zurückgeht.

1998 Die ausgebauten Fähranlagen am Hafen von Mukran werden eingeweiht. Der alte Stadthafen von Sassnitz wird zum Hafenmuseum umgenutzt.

2002 Die alten Hansestädte Stralsund und Wismar werden von der UNESCO in die Liste der Weltkulturerbestätten aufgenommen.

2005 Am 24. Februar stürzen die berühmten Zinnen der ›Wissower Klinken‹ an Rügens Kreideküste in die Ostsee.

2006 Am 13. Juli trifft US-Präsident George W. Bush bei seinem dreitägigen Deutschland-Besuch in Stralsund ein. Bundeskanzlerin Angela Merkel hatte ihn in ihren Wahlkreis in Mecklenburg-Vorpommern eingeladen.

2007 Nach einer Bauzeit von drei Jahren wird im Oktober die neue Autobrücke zwischen Stralsund und Rügen eröffnet.

2008 Im Sommer eröffnet in Stralsund das Ozeaneum, der größte Museumsneubau Norddeutschlands.

Bundeskanzlerin Angela Merkel begrüßt US-Präsident George W. Bush in Stralsund. Ihr Ehemann, Joachim Sauer, beobachtet die Szene

Der Sonne entgegen – die Selliner Strandkörbe stehen in Reih und Glied, dahinter prangt die Seebrücke mit den nostalgischen Pavillons

Unterwegs

Rügens Südwesten – verträumte Dörfer und bezaubernde Städtchen

Der Südwesten Rügens, der Landstrich zwischen dem Strelasund, dem Kubitzer Bodden und dem Greifswalder Bodden, ist weit und eben, ein fruchtbares Ackerland, hier und da von Bäumen, Hünengräbern und vereinzelten Ortschaften unterbrochen. Die schönen Boddenbuchten, malerischen Alleen, freundlichen Dörfer und geschichtsträchtigen Städtchen der Insel, allen voran **Garz**, lassen die in die bekannteren Feriendomizile an der offenen Ostseeküste hastenden Besucher dabei oft links liegen. Hier im Südwesten befindet sich nicht nur die lebendige Inselhauptstadt **Bergen** mit ihren Sehenswürdigkeiten, sondern auch die junge Residenzstadt **Putbus** mit ihren fürstlichen Bauten, deren Ensemble ein wahres Kleinod klassizistischer Architektur bildet. Und auch manche der kleinen ländlichen Siedlungen wie **Rambin** oder die sagenumwobene Halbinsel **Zudar** lohnen einen Abstecher.

1 Altefähr

Kleiner Rügener Fährort mit unverstelltem Blick auf die Stralsunder Skyline.

Hat man von Stralsund kommend über den Rügendamm die Insel Rügen erreicht, kann man am Ende des Damms auf eine alte Pflastersteinstraße nach links auf eine Allee abzweigen und erreicht nach ca. 2 km Altefähr. Seit 1249 ist die Ortschaft *Oldevehr*, neudt. *Altefähr*, dokumentiert, was die jahrhundertelange Geschichte der Ansiedlung als Fährort belegt. Ruderboote versahen den Fährdienst von Stralsund über den Strelasund nach Rügen, bis 1856 die ersten Raddampfer eingesetzt wurden. Deren Dienst endete 1936 mit der Eröffnung des Rügendamms und Altefährs Bedeutung schwand. Seit Mitte der 1990er-Jahre jedoch ist für unverbesserliche Romantiker wieder eine Fähre auf der alten Route über den Strelasund in Betrieb.

◁ *Von Altefährs Strandpromenade reicht der Blick über den Strelasund bis zur imposanten Hansestadt Stralsund*

Beeindruckend für heutige Besucher ist vor allem das wunderschöne **Panorama** der Stadtsilhouette Stralsunds, das sich von Altefährs *Strandpromenade* bietet. Hoch über dem Fährhafen thront die spätgotische **Dorfkirche** aus dem 15. Jh. Das barockisierte Innere des Backsteinbaus ist mit Schiffsmodellen und Votivbildern der Seefahrer geschmückt, wie es sich für eine Schifferkirche gehört. Uralt ist das *Taufbecken* (14. Jh.) aus schwedischem Kalkstein – eines der größten Rügens. Und auf dem Friedhof sind interessante Grabsteine aus dem 17. und 18. Jh. erhalten.

i Praktische Hinweise

Information
Tourismus-Info, im Gemeindeamt, Fährberg 9, Altefähr, Tel. 03 83 06/754 24, Fax 03 83 06/750 56

Camping
Sund-Camp Altefähr, Am Kurpark 1, Altefähr, Tel. 03 83 06/754 83, Fax 03 83 06/603 06, www.sund-camp.de. Am Ortsrand in 400 m Entfernung zum Wasser gelegen, mit Baumbestand. Verfügt über großes Freizeitangebot und eine Surfschule.

Hotel
Sundblick, Fährberg 8 b, Altefähr, Tel. 03 83 06/71 30, Fax 03 83 06/71 31, www.hotel-sundblick.de. Ruhiges, kleines Hotel in Hafennähe mit Schwimmbad und traumhaftem Blick auf Stralsund von der Dachterrasse.

2 Rambin

Versteckte Reize eines einstigen Klosterortes.

Von Altefähr wenige Kilometer nordöstlich an der Durchgangsstraße B 96 gelegen, fand das als slawisches Rabyn gegründete Rambin bei Reisenden bislang wenig Beachtung. In den Dorfstraßen stehen nette kleine, mit bunten Blumen geschmückte Häuser. Sehenswert ist auch die Kirche **St. Johannes** aus dem 14. Jh. Mittelalterliche Relikte sind ein Taufbecken (14. Jh.) und ein Triumphkreuz. Ende des 17. Jh. überspannte man das Langhaus mit einem hölzernen Tonnengewölbe und malte die Kirche aus. Diese bemerkenswerten barocken Fresken mit

Noch aus spätgotischer Zeit stammt die auf einer Anhöhe über dem Fährhafen errichtete Dorfkirche von Altefähr

großflächigen Figurendarstellungen wurden erst bei Restaurierungsarbeiten in den 1980er-Jahren zum Teil wieder freigelegt.

Am östlichen Ortsrand steht in einem kleinen, öffentlich zugänglichen Park eine gotische Kapelle, die einst Teil des Klosters **St. Jürgen** war. Dieses entstand 1334 durch eine Stiftung des Stralsunder Ratsherrn Godeke von Wickede, der seine Ländereien für den Bau eines Armen- und Aussätzigenheims zur Verfügung stellte. Das Hospiz wurde bis ins 18. Jh. betrieben, danach wurde die Anlage zum Altersheim umfunktioniert. Die heutigen Gebäude stammen aus dem 19. Jh., aber eines schmückt noch ein Relief mit der Darstellung des hl. Georg vom alten Kloster. Die Kapelle und der Park wurden 1992 dem **Ersten Rügenschen Kunstverein** übergeben, der beides für Ausstellungen und Veranstaltungen nutzt.

Aktionen dieses Kunstvereins finden auch in anderen historischen Stätten der

Alt und neu verträgt sich gut – moderne Skulptur im Park vor der Kapelle des ehem. Klosters St. Jürgen von Rambin

Umgebung statt, z. B. in der achtseitigen gotischen Kapelle zum Heiligen Kreuz (1482) von **Bessin**, nordwestlich von Rambin, oder im ehem. Gutspark von **Götemitz**, etwa 1 km südöstlich.

i Praktische Hinweise

Information

Rügen-ABC, Hauptstr. 2, Tel. 03 83 06/624 47, Fax 03 83 06/624 48, www.ruegen-abc.de. Private Zimmervermittlung und Touristeninformation für die ganze Insel.

Einkaufen

Peter Dolacinski, Götemitz 24, Rambin Tel. 03 83 06/13 61. Kunst-, Gebrauchs- und Gartenkeramik. Besonders schön sind die Fayencen mit originellen Inselmotiven in Kobaltblau. Traumhafter Garten mit Kunstwerken des Töpfers. Auch Ferienwohnungen kann man mieten.

Hotel

TOP TIPP **Die Insel auf Rügen**, Götemitz 27, Rambin, Tel. 03 83 06/61 10, Fax 03 83 06/611 33, www.die-insel-auf-ruegen.de. Ein Rohrdach-Bauernhof

Der Rügendamm – die Straße über den Sund

Jahrhundertelang fuhr die alte **Fähre**, die bis ins 19. Jh. noch aus Ruderbooten bestand, von Stralsund vorbei an der kleinen Insel Dänholm zum gegenüberliegenden Ufer der Insel Rügen. Dort war eine kleine Fährsiedlung entstanden, die auch ihren Namen daraus bezog: Altefähr. Schon seit Anfang des 19. Jh. hatte es Pläne gegeben, Rügen mit dem Festland durch einen Damm zu verbinden, doch sämtliche Anläufe zu deren Realisierung scheiterten an der Finanzierungsfrage. Als 1933 die Nationalsozialisten Rügen zu einem Massenerholungsgebiet auserkoren hatten, wurde es unabdingbar, den Strelasund auf den 2,5 km zwischen der alten Hansestadt und Rügen mit einer Brücke zu überbauen. Für den ersten Abschnitt zwischen Stralsund und der Insel Dänholm wurde eine Klappbrücke geschaffen, die **Ziegelgrabenbrücke**, die fünfmal täglich für 20 Min. geöffnet wird, um größeren Schiffen die Durchfahrt zu gewähren. Für das längere Stück zwischen Dänholm und Rügen wurden von beiden Inseln aus **Dämme** aufgeschüttet, die mit einem 540 m langen **Brückenstück** verbunden wurden. Die Brücke ruht auf neun Pfeilern, die 25 m tief in den Meeresboden einbetoniert sind. Die Dammkrone hat eine Breite von 15 m, was zur Erbauungszeit als überreichlich angesehen wurde. Sie bot Platz für die zweispurige Bundesstraße B 96, die Eisenbahn sowie einen Fuß- und Fahrradweg. In den Sommermonaten bildete der Damm jedoch ein regelrechtes Nadelöhr, so dass sich die Autoschlangen auf den Zufahrtsstraßen weit zurück durch ganz Stralsund bzw. auf der Insel bis nach Bergen stauten und sich nur im Schritttempo vorwärts bewegten. Abhilfe schaffen soll die nach dreijähriger Bauzeit im Herbst 2007 fertiggestellte neue dreispurige Autobrücke, die die Ostseeautobahn A 20 über den so genannten Rügenzubringer direkt mit Bergen verbindet und mit einer Durchfahrtshöhe für Schiffe von 42 m den reibungslosen Verkehrsfluss zu Wasser und zu Land gewährleistet.

rühmt sich, das kleinste Hotel der Insel zu sein. Wer richtig ausspannen möchte, findet hier ein komfortables und geschmackvolles Ambiente.

3 Bergen

Lebendiger Marktort im Inselzentrum mit der ältesten und bedeutendsten Kirche Rügens.

Die Kreisstadt Bergen (14 000 Einw.) liegt nicht nur in der geografischen Mitte der Insel, sondern ist zugleich das politische, wirtschaftliche und kulturelle Zentrum Rügens. Sie erstreckt sich am Fuß des 90 m hohen Rugard und am Rande der reizvollen Ausflugsgebiete um den Kleinen Jasmunder Bodden.

Hervorgegangen ist Bergen aus dem winzigen dänischen Kolonistendorf Gora. Um 1170 entstand die erste Bergener Kirche auf dem Rugard nahe dem slawischen Burgwall des Inselfürsten. Mit der Gründung eines Zisterzienserinnenklosters im Jahr 1193 durch Jaromar I. und der Zunahme des Handels wuchs der Ort und nahm den Namen Berg in Ruga an. Er stieg nun zum wichtigen Marktort auf und erhielt 1613 das Stadtrecht. Zahlreiche verheerende Brände vom 15.–18. Jh. zerstörten jedoch viel historische Bausubstanz. Kriege und Plünderungen taten ein Übriges. Erst nachdem Rügen 1815 preußisch geworden war, setzte in Bergen ein neuer wirtschaftlicher Aufschwung ein, der auch im 20. Jh. anhielt.

Bevor es Schnellstraßen und die Ringstraße gab, trafen sich alle Landstraßen Rügens auf dem Bergener **Marktplatz** ❶. Um dieses historische Zentrum herum befinden sich das frisch sanierte klassizistische Rathaus, der Backsteinbau der Post aus wilhelminischer Zeit und die wichtigsten Geschäfte des Ortes. Am Südrand des

Vom Turm der Marienkirche gleitet der Blick weit über die Dächer der Marktstadt Bergen und verliert sich im Grün und Blau des Horizonts

Harmonische Farbbänder in Backstein schmücken die Säulen im Inneren der Marienkirche bis hinauf zum reich mit Ornamenten ausgemalten Gewölbe

Platzes steht das **Benedixhaus** ❷, ein Fachwerkbau aus dem Jahr 1538. Er ist abgesehen von der Kirche das älteste Gebäude am Ort und beherbergt heute die Touristen-Information.

Das älteste Gotteshaus und zugleich das kunsthistorisch bedeutendste Bauwerk auf Rügen ist die **Marienkirche** ❸ (Tel. 038 38/25 35 24, April–Okt. Mo–Sa 10–16 Uhr, im Winter nach Voranmeldung), die sich südlich des Marktplatzes erhebt. Der romanische Ursprungsbau entstand 1170–80 und wurde bereits 1193 urkundlich erwähnt. Zunächst war die Marienkirche als Palastkapelle des zum Christentum übergetretenen Slawenfürsten Jaromar I. vorgesehen, doch Bischof Absalon aus dem dänischen Roskilde wies sie wenig später dem neu gegründeten Zisterzienserinnenkloster von Bergen zu. Nach dem Stadtbrand von 1445 begann der Umbau zur gotischen Kirche mit einem weiten Innenraum, das Langhaus erhielt ein Kreuzrippengewölbe. Während Teile der Außenmauern noch vom romanischen Ursprungsbau stammen, sind die Kapellen am nördlichen Seitenschiff aus gotischer Zeit, ebenso die kleine Sakristei. Klassizistische Stilmerkmale am Äußeren, insbesondere am Turm, gehen auf eine umfassende Restaurierung Ende des 19. Jh. zurück.

Der Backsteinbau entspricht in der Anlage einer Basilika mit Kreuzgrundriss, einem Mittel- und zwei Seitenschiffen mit fünf Jochen, einer quadratischen Vierung, einem angedeuteten Querschiff und einem vorgebauten massiven Westwerk, auf dem der Turmaufbau ruht. Die farbenfrohen, überwiegend gotischen *Fresken* in Chorraum, Seitenschiffen und Deckengewölben wurden bei der Restaurierung um 1900 teilweise fantasievoll und verfälschend ergänzt. Im Chor beeindrucken z. B. detailreiche Szenen mit der Darstellung himmlischer Freuden im Paradies an der Nordseite und den Qualen des Fegefeuers und der Hölle an der Südseite. Der Altar ist spätbarock, das Rokoko vertritt die kunstvolle Kanzel (1775) mit der Darstellung der Evangelisten, die von dem Stralsunder Bildhauer Jacob Freese geschaffen wurde. Der Kirchenschatz ist im benachbarten Stadtmuseum zu sehen.

Die älteste Sehenswürdigkeit befindet sich an der westlichen Außenwand. Eine verwitterte *Steinplatte* mit einer bärtigen, bemantelten Figur ist dort in die Ziegelmauer eingelassen. Es wurde zunächst vermutet, dass hier der slawische Gott Svantevit dargestellt sei. Wahrscheinlich handelt es sich bei der Platte jedoch um einen Grabstein mit dem Porträt Jaromars I., des 1217 verstorbenen Slawenfürsten, der nach der Eroberung der Insel 1168 zu einem dänischen Lehnsabhängigen geworden war.

Die eigentliche Keimzelle von Bergen sind die kleinen kopfsteingepflasterten Gassen rund um die Kirche. Neben ihr stehen – eingeschossig, hübsch, mit nettem Gärtchen – das Pfarrwitwenhaus und die beiden Bauten des Damenstifts (1732–38), die an der Stelle des verfallenen und um 1660 abgerissenen Zisterzienserinnenklosters errichtet worden waren. In einem der Stiftsgebäude befindet sich die ›Klosterschenke‹ [s. S. 24], im größeren das **Stadtmuseum** ❹ (Tel. 038 38/ 25 22 26, Mai–Okt. Mo–Sa 10–16.30 Uhr, Nov.–April Di–Fr 11–16, Sa 10–13 Uhr). Auf drei Etagen wird die Geschichte der Insel Rügen anschaulich dokumentiert, von den steinzeitlichen Hünengräbern über Metallfunde aus der Bronzezeit, Relikte der Slawenbesiedlung und mittelalterliche Kirchenschätze bis hin zu Exponaten zur schwedischen Epoche der Insel und zur Bäderzeit um 1900. Nebenan wurde ein ehem. Stallgebäude zur Schauwerkstatt (Mo–Sa 10–16.30 Uhr) umgebaut, in der u. a. ein Kerzenzieher sein Handwerk vorführt. Inzwischen wurden nicht nur die Gebäude des sog. Klosterhofs, sondern auch die Freiflächen aufwendig restauriert. Im Sommer finden hier Konzerte statt.

Auf dem nordöstlich des Stadtzentrums gelegenen **Rugard**, nahe den Resten des großen slawischen Burgwalls, den ein Naturlehrpfad erschließt, steht der **Ernst-Moritz-Arndt-Turm** ❺ (Mai–Okt. tgl. 10–18 Uhr, sonst Schlüssel im Hotel Am Rugard, s. u.). Der Bau, ein vierstöckiger runder Aussichtsturm von 27 m Höhe, wurde 1869 anlässlich des 100. Geburtstags des Rügener Zeitkritikers und Literaten Ernst Moritz Arndt in Angriff genommen und 1877 fertig gestellt. Einst – bis der umliegende Wald die Aussicht verdeckte – ermöglichte er einen Rundblick über den gesamten Süden der Insel, welchen schon Wilhelm von Humboldt rühmte. Nach umfangreichen Sanierungsarbeiten wurde der Turm

nun mit einer Glaskuppel und einer Aussichtsplattform ausgestattet, die 8 m höher als die alte liegt, sodass erneut ein grandioser ›Weitblick‹ gewährleistet ist.

ℹ Praktische Hinweise

Information

Touristen-Information Bergen, Markt 23, Bergen, Tel. 038 38/81 12 76, Fax 038 38/81 11 27, www.stadt-bergen-auf-ruegen.de

Hotels

Am Rugard, Rugardweg 10, Bergen, Tel. 038 38/201 90, Fax 038 38/20 19 19, www.rugard.de. Kleines hübsches Haus am Stadtrand von Bergen im Grünen gelegen. Im angeschlossenen Restaurant wird gepflegte bodenständige Küche mit Spezialitäten wie Grünkohlvariationen und Pommersche Gans serviert.

Über die Baumwipfel hinweg bietet die Aussichtsplattform des Ernst-Moritz-Arndt-Turms einen schönen Rundblick

Hotel Gesellschaftshaus, Arndtstr. 10, Bergen, Tel. 038 38/20 12 30, Fax 038 38/20 12 89, www.hotel-gesell-schaftshaus.de. Geschmackvoll einge-richtetes Hotel mit Gründerzeitambiente und in ruhiger Lage am Stadtpark. Neben Zimmern werden auch Apartments angeboten.

 Romantik-Hotel Kaufmanns-hof, Bahnhofstr. 6–8, Bergen, Tel. 038 38/804 50, Fax 038 38/ 80 45 45, www.kaufmannshof.com. In einem historischen Handelshaus der Bergener Altstadt wurde dieses moderne, sehr gut ausgestattete Hotel mit gutem Restaurant eingerichtet. 18 gepflegte Zimmer, Tennisplatz und Sauna.

Störtebeker Sporthotel Tiet un Wiel, Bergener Str. 1, Samtens (ca. 10 km süd-westlich von Bergen), Tel. 03 83 06/22 20, Fax 03 83 06/222 15, www.tiet-un-wiel.de. Das Sporthotel mit öffentlich zugängli-chem Freizeitzentrum (tgl. 24 Stunden) bietet u. a. Tennis, Squash, Badminton, Fitness- und Saunalandschaft sowie Schwimmbad.

Restaurant

Klosterschenke, Billrothstr. 20 a, Bergen, Tel. 030 38/20 20 62. Gute regionale Küche. Im Sommer kann man im Innen-hof des Klosters speisen.

4 Putbus

›Die Weiße Stadt‹ – charmantes einstiges Residenzstädtchen mit faszinierender Architektur.

Die Landstraßen Südrügens treffen als malerische Kastanien- und Lindenalleen in Putbus zusammen, einer Stadt, die sich mit ihrem ungewöhnlichen sternförmi-gen Grundriss und den strahlend weißen klassizistischen Gebäuden von allen an-deren Orten auf Rügen abhebt. Beinahe etwas unwirklich erscheint diese im 19. Jh. als letzte in Deutschland kunstvoll ange-legte fürstliche Residenzstadt. Der runde sog. Circus mit den Kavaliershäusern, der Marktplatz, das Theater und der weitläu-fige Schlosspark bilden ein faszinieren-des Ensemble, das zu den besonderen Attraktionen Rügens gehört. Nostalgie-fans können nach der Besichtigung hier auch die Kleinbahn ›Rasender Roland‹ [s. S. 28] besteigen, die Putbus seit 1895 mit dem Ostseebad Binz verbindet.

Geschichte Das mächtige Lehnsher-rengeschlecht von Putbus ist seit 1371 im Süden von Rügen beurkundet. Nach dem Aussterben der rügenschen Linie der Familie übernahm die dänische Linie mit Malte I. (1671–1750) den Besitz. Anfang des 19. Jh. verwandelte der Enkel, Fürst Wilhelm Malte I. (1783–1854), den Herren-

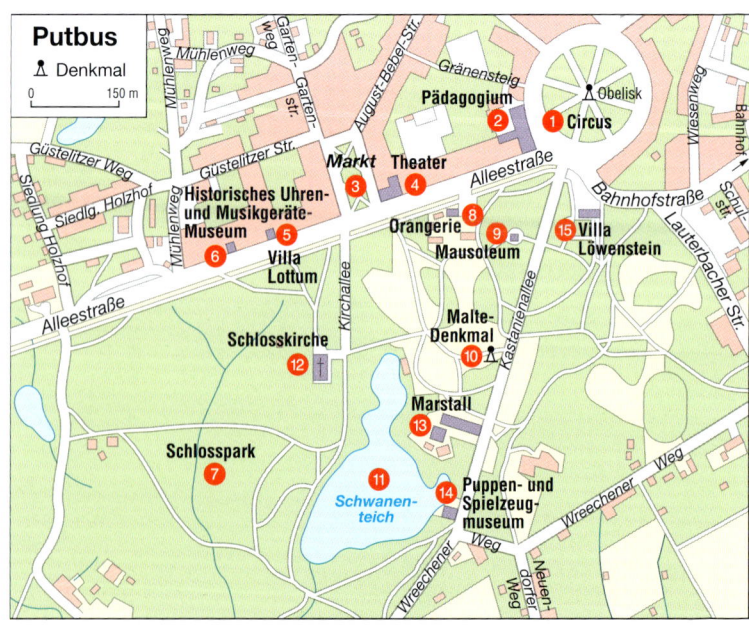

Klassizistische Platzanlage der einstigen Residenzstadt Putbus – vollkommen rund ist der Circus mit dem zentralen Obelisken, den Fürst Wilhelm Malte I. anlegen ließ

sitz in einen repräsentativen Residenz- und Badeort. Für die Planung konnte er den Schinkel-Studienfreund Johann Gottfried Steinmeyer gewinnen, der zwischen 1808 und 1845 eine einheitliche klassizistische Anlage schuf. Mit diesem Bauprojekt gab Fürst Wilhelm Malte I. den entscheidenden Anstoß zur Entwicklung von Südost-Rügen.

Als junger Graf hatte er bei den Stockholmer Leibhusaren gedient und wurde 1807 vom schwedischen König in den Fürstenstand erhoben. 1813 nahm er als Generaladjutant des Kronprinzen von Schweden an der Leipziger Völkerschlacht gegen Napoleon teil und setzte 1815 auf dem Wiener Kongress durch, dass Vorpommern Preußen zugeordnet wurde. Reisen in das erste Seebad der deutschen Ostseeküste Bad Doberan mit dem Badevorort Heiligendamm (1793 eröffnet), in dem sich die High Society des 19. Jh. ein Stelldichein gab, sowie nach Italien, wo sich seine Vorliebe für den klassizistischen Baustil herausbildete, ließen ihn voller Ideen für den Ausbau seiner Residenzstadt nach Rügen zurückkehren. Seinen als Lehnsherr und erfolgreicher Staatsmann erworbenen Reichtum investierte er von nun an in eine umfassende Bautätigkeit auf Rügen. Dazu gehörte neben der Gestaltung von Putbus auch die Einrichtung eines Jagd-

schlosses im östlich gelegenen Waldgebiet der Granitz [s. Nr. 12].

Die Einrichtung des ersten Seebades auf Rügen – Putbus mit dem ›Badehaus in der Goor‹ (1817) im 3 km entfernten Lauterbach – zog bald eine Schar illustrer Gäste nach sich, darunter waren Persönlichkeiten des deutschen Adels, Politiker, Künstler, Schriftsteller und Wissenschaftler: Gerhart Hauptmann, Otto von Bismarck, Alexander und Wilhelm von Humboldt und Elisabeth von Arnim. Doch schon Ende des 19. Jh. verblasste der Ruhm des Badeortes an der Boddenküste gegenüber den neu in Mode gekommenen Seebädern an den offenen Ostseestränden Ostrügens. Vernachlässigt zu DDR-Zeiten, steht das klassizistische Kleinod Putbus heute nach umfangreichen Sanierungsmaßnahmen wieder ganz oben auf der Liste der Insel-Highlights. Und zum Kulturleben Rügens trägt das Theater bei, das von Stralsunder, Schweriner und Rostocker Ensembles bespielt wird.

Circus

Prächtige Alleen – einst gepflanzt, um adligen Besuchern in ihren offenen Kutschen Schatten zu spenden – verbinden Putbus mit den umliegenden Orten. Sie treffen an einem riesigen Platzrondell zusammen, dem **Circus** ❶, dessen acht eichengesäumte Kieswege sternförmig auf

Ein Säulenportikus ziert die Parkfassade des Theaters von Putbus, das Fürst Wilhelm Malte zur Unterhaltung der Badegäste erbauen ließ

einen zentralen Obelisken mit der Krone des Fürsten zulaufen. Rund herum stehen 15 sog. Kavaliershäuser, die ab 1830 als Verwaltungsgebäude und Wohnungen für Hofbeamte errichtet wurden. Als erster Bau am Circus war schon ab 1827 das **Pädagogium** ❷ entstanden. Das imposante dreigeschossige Gebäude an der Ecke zur Alleestraße diente als Gymnasium und Internat für Kinder aus reichem Hause. Ab 1940 erfuhr es unterschiedliche Nutzung, seit 2002 ist hier das ›IT-College im ehem. Fürstlichen Pädagogium zu Putbus auf Rügen‹ untergebracht. Das ehem. Kronprinzenpalais, Circus 1 steht leer. Das 1845 als letztes Gebäude des klassizistischen Ensembles errichtete ehem. Haus des Gastes, Circus 8, wird saniert. Die zukünftige Nutzung der Gebäude ist noch offen.

Alleestraße und Markt

Vom Circus führt die nur einseitig bebaute Alleestraße schnurgerade nach Westen. Nördlich von ihr verlaufen die wenigen Wohnstraßen, südlich erstreckt sich der Schlosspark.

Die Allee weitet sich 150 m vom Circus entfernt zu einem großen Platz, dem **Markt** ❸. An ihm liegt das im Auftrag Fürst Maltes nach einem Entwurf von Wilhelm Steinbach erbaute **Theater** ❹ – das einzige Rügens. Der klassizistische Bau mit hohem toskanischen Säulenportikus zur Parkseite und dem antikisierenden Stuckfries ›Apollo und die Musen‹ entstand 1819–21 und diente der Unterhaltung des Fürsten und der Badegäste. Schon fünf Jahre nach der Eröffnung wurde das Theater von Johann Gottfried Steinmeyer umgebaut und erweitert. Um die Akustik zu verbessern, wurde anstelle des Tonnengewölbes eine flach gewölbte Kuppel eingezogen. Das als Sommertheater konzipierte Gebäude wurde zur Badesaison, wenn die Theater auf dem Festland Spielpause hatten, von verschiedenen Ensembles bespielt. Hier wurden u. a. Werke Gerhart Hauptmanns uraufgeführt. 1991–98 wurde der gesamte Bau originalgetreu restauriert. Der feierliche Innenraum mit Holzbestuhlung, zwei Rängen mit schmiedeeisernen Balustraden und einer Fürstenloge, roten Vorhängen und zarten goldenen Verzierungen an den Friesen bietet Platz für rund 250 Besucher. Heute ist das Theater mit rund 160 Veranstaltungen pro Jahr ein Stützpfeiler des Kulturlebens auf der Insel. U. a. als zentraler Spielort der seit 1992 alljährlich von Himmelfahrt bis Pfingsten abgehaltenen Putbus-Festspiele (www.putbus-festspiele.de).

Nur ein paar Häuser vom Theater entfernt betreibt der **Kunstverein Rügen** ❺ (Alleestraße 14, Tel. 03 83 01/88 97 04, www.kunstvereinruegen.de, Di–So 10–17 Uhr) in der *Villa Lottum* die Galerie des

Time is money? Das Historische Uhren- und Musikgeräte-Museum belegt mit seiner umfangreichen Sammlung, dass schon im 15. Jh. auf die Uhr geschaut wurde

Landkreises Rügen mit wechselnden Ausstellungen zeitgenössischer Kunst.

Weiter stadtauswärts wurde schon 1815 an der Allee das Bussettsche Badehaus (Nr. 13) erbaut. Mit ihm begann die Badekultur am Ort, heute aber ist hier das **Historische Uhren- und Musikgeräte-Museum** **6** (Alleestraße 13, Tel. (03 83 01/ 609 88, Mai–Okt. tgl. 10–18 Uhr, Nov.– April tgl. 11–16 Uhr) des Sammlers Franz Sklorz beheimatet. Die liebevoll zusammengestellte Schau präsentiert z. B. kostbare bis kuriose Zeitmesser des 15.–20. Jh. und funktionstüchtige Grammophone.

Die Anfang des 19. Jh. als Gewächshaus errichtete Orangerie im Schlosspark bildet heute einen stilvollen Rahmen für die Präsentation zeitgenössischer Kunst

Oldtimer auf Schienen – die heute noch verkehrende Schmalspureisenbahn ›Rasender Roland‹ beflügelte um 1900 den Aufstieg der Rügener Ostseebäder

Ein rügensches Original: der Rasende Roland

Schon Fürst Wilhelm Malte I. von Putbus hatte erste Pläne für eine Inseleisenbahn entwickelt. Ende des 19. Jh. baute man schließlich eine **750-mm-Schmalspureisenbahn**, die Rügensche Kleinbahn, die 1895 bereits von Putbus nach Binz fuhr. Bis 1899 war dann die Strecke durch die Granitz bis Göhren fertig gestellt. Es existierten noch zwei weitere Linien, die jedoch 1967 bzw. 1970 stillgelegt wurden. Heute ist die Bahn, über 100 Jahre alt, so beliebt wie nie zuvor. 1999 wurde die Strecke über Putbus hinaus bis nach Lauterbach verlängert (nur Mai-Mitte Sept. zum Lauterbacher Hafen). Acht funktionierende historische Dampflokomotiven sind in Betrieb, die älteste fährt seit 1914, die jüngste seit 1954. Der Zug verkehrt tgl. von 6 bis 22 Uhr zwischen Putbus und Göhren. Die Kleinbahn braucht für die Strecke etwa 1 Stunde und 45 Minuten.

Elf Haltepunkte auf 24 km fährt der Zug mit heftigem Geschnaufe und lautem Getute an. Hohe Geschwindigkeiten werden dabei nicht erreicht, gleichwohl wurde ihm einst der Name ›Rasender Roland‹ verliehen. Trotz vorübergehend drohender Insolvenz und Schäden am Bahndamm konnte im Mai 2004 der sanierte Kleinbahnhof Binz eingeweiht und der reguläre Betrieb im Stundentakt (Nebensaison: 2-Std.-Takt) wieder aufgenommen werden.

Es gibt Sonderzüge, Museumszüge und spezielle Arrangements, die mit Exkursionen verbunden sind. Echte Fans können sich sogar zum Ehrenlokführer ausbilden lassen.

Rügensche Kleinbahn GmbH & Co., Binzer Str. 12, 18581 Putbus, Tel. 03 83 01/801 12, Fax 03 83 01/801 15, www.rasender-roland.de

Schlosspark

Zwischen Alleestraße und der vom Circus nach Südosten abgehenden Lauterbacher Chaussee erstreckt sich der 7,5 km² große **Schlosspark** ➐ (Führungen ab Orangerie, April–Okt., Di und Do, 11 Uhr, Anmeldung Putbus-Information, s. S. 30), der um 1725 vom Grafen Moritz Ulrich I. als Barockgarten angelegt wurde. Fürst Wilhelm Malte I. begann 1809 mit der Umgestaltung zum Landschaftspark im englischen Stil, der noch heute eine Oase der Ruhe und Beschaulichkeit darstellt. Nach Vorbildern des großen Landschaftsgärtners Peter Joseph Lenné schufen in den 1820er-Jahren Christian Friedrich Halliger (1797–1866) und Gustav Bernhard Todenhagen (1797–1883) in dem weitläufigen Gelände eine anmutige Komposition aus weiten Grünflächen, Wasserläufen, Teichen und dichtem alten Baumbestand, darunter kalifornische Mammutbäume, asiatische Gingkos und libanesische Zedern.

Die **Orangerie** **8** (Alleestraße 35, Tel. 03 83 01/431, Mai–Sept. Mo–Fr 9–17, Sa/So 11–17 Uhr, Okt.–April Mo–Fr 9–16, Sa/So 11–14 Uhr) liegt am nördlichen Parkrand, dem Theater gegenüber. 1816–18 als Gewächshaus erbaut, beherbergt sie heute die Touristeninformation, ein Café, Schätze aus dem Schloss zu Putbus und die Dauerausstellung ›Ein Bauhäusler fand seinen Weg‹ mit Werken von Wolf Hildebrandt. Den Eingang bewachen zwei majestätische Löwenskulpturen, die früher vor dem Schloss standen. Gleich daneben sind vier Grabplatten in den Rasen eingelassen; die Inschriften wie ›Moppy, mein Freund‹ oder ›Frey 1899‹ verraten, wer hier begraben liegt – die fürstlichen Hunde. Von den rückwärtigen Fenstern der Orangerie sieht man in den Park und auf eine Skulptur, eine Kopie des antiken ›Sterbenden Galliers‹ in den Kapitolinischen Museen in Rom, die aus dem alten Schloss hierher versetzt wurde. Unweit davon befindet sich das 1868 in neogotischem Stil erbaute fürstliche **Mausoleum** **9**, das als Begräbnisstätte der ab 1860 verstorbenen Familienmitglieder des Hauses zu Putbus eingerichtet wurde.

An prominenter Stelle, mitten im Park, wird Fürst Wilhelm Malte I. in Uniform als Generaladjutant des schwedischen Kronprinzen mit dem **Malte-Denkmal** **10** geehrt. Fürstin Luise, dessen Witwe, hatte das überlebensgroße Marmor-Standbild bei dem Bildhauer Friedrich Drake in Auftrag gegeben. 1859 wurde es feierlich enthüllt. Auf einem der vier Sockelreliefs ist der berühmteste Baumeister der Zeit, Karl Friedrich Schinkel, im Gespräch mit einem Maler und einem Bildhauer vor einer Entwurfszeichnung des Jagdschlosses Granitz dargestellt.

Wenige Schritte westlich davon gelangt man zum **Schwanenteich** **11**, an dem einst das fürstliche Barockschloss stand. Ein verheerender Brand am Weihnachtsvorabend 1865 vernichtete große Teile des erst 1827–32 klassizistisch modernisierten Baus mit seinen wertvollen Kunstschätzen. Lediglich das Altarbild aus der Schlosskapelle und Teile des fürstlichen Archivs konnten gerettet werden. In den 1870er-Jahren in gründerzeitlichem Stil restauriert, diente das Schloss bis 1945 der fürstlichen Familie als Wohnsitz. Danach verfiel das dreiflügelige Gebäude und wurde 1962 bis auf seine Terrasse abgerissen.

Ein Kuriosum ist das ehem. *Fürstliche Kurhaus*, westlich des Schwanenteichs

am Rande des Wildgeheges gelegen, das 1844–46 von Friedrich August Stüler und Johann Gottfried Steinmeyer mit Ballsaal, Spielsalon und Café erbaut wurde. Nach dem Niedergang des Badebetriebes wurde es 1891/92 als Ersatz für die 1865 abgebrannte Schlosskapelle zur **Schlosskirche** **12** umgebaut. Dabei fügte man den dreigeschossigen Turmanbau hinzu. Teile der Ausstattung wie zwei Holzplastiken aus dem 15. Jh. und das Altarbild mit der Darstellung einer Kreuzabnahme des Mailänder Meisters Daniele Crespi (1590–1630) wurden aus der abgebrannten Schlosskapelle übernommen.

Anstelle eines alten Gutshofs wurde 1821–24 im klassizistischen Stil der lang gestreckte **Marstall** **13** zwischen Schwanenteich und Kastanienallee errichtet. Der Zeitpunkt seiner Wiedereröffnung nach andauernden Rekonstruktionsarbeiten steht noch nicht fest.

Gut 100 m weiter südlich erreicht man das frühere Affenhaus am Rande des Schwanenteichs, das 1840 nach Plänen Steinmeyers erbaut wurde. Heute beherbergt es ein hübsches **Puppen- und Spielzeugmuseum** **14** (Tel. 03 83 01/609 59, tgl. 10–18 Uhr), vornehmlich mit deutschem und französischem Spielzeug des 19. und 20. Jh., das nicht nur Kinderherzen höher schlagen lässt. Im Glaspavillon des halbkreisförmigen Eingangsbereichs befindet sich ein sehr empfehlenswertes kleines Café.

Auf der Kastanienallee kann man nun zurück zum Circus spazieren. Einige Meter zurückgesetzt an dessen südlichem Rand befindet sich die **Villa Löwenstein** **15** von 1828/29, das einstige Gärtnerhaus des Schlossbezirks mit dem Küchengarten, das sich Anfang des 20. Jh. im Besitz der Fürsten zu Löwenstein befand und seitdem das *Rosencafé* beherbergt (heute Restaurant). Das Gebäude ging in die Geschichte ein, als Fürst Wilhelm Malte 1866 den erkrankten Otto von Bismarck zu einem zweimonatigen Genesungsurlaub in die Villa einlud. Hier soll Bismarck seinen Entwurf zur Verfassung des Norddeutschen Bundes geschrieben haben.

Ausflug

Eine wunderschöne Kastanienallee führt vom Putbuser Schlosspark nach Südwesten zur *Rügischen Boddenküste* von **Wreechen** und **Neukamp**. Das Boddenufer eignet sich herrlich für ausgedehnte Spaziergänge. Jeden Moment ändern sich Landschaftsbild und Ausblicke, immer wieder trifft man auf vorgeschichtliche Großsteingräber, schöne Aussichtspunkte und reizvolle Strandabschnitte. Der **Wreechensee** ist eine seichte verschilfte Lagune direkt hinter der Küste, die zum Naturschutzgebiet erklärt wurde. Einige Hundert Meter südlich, von Neukamp über eine Birkenallee zu erreichen, steht direkt am Bodden die *Preußensäule* von 1854, ein 16 m hoher Gedenkstein (Kopie) mit einem Denkmal des Großen Kurfürsten Friedrich Wilhelm, das an die Landung der brandenburgischen Truppen 1678 und den anschließenden Sieg über die Schweden erinnert. Eine zweite Fassung der Preußensäule steht an der Stresower Bucht, östlich von Lauterbach. Sie ist dem Andenken König Friedrich Wilhelms I. und der Landung preußischer und dänischer Truppen im Jahr 1715 gewidmet.

ℹ Praktische Hinweise

Information

Putbus-Information, Orangerie/ Alleestr. 35, Putbus, Tel. 03 83 01/431, Fax 03 83 01/609 63, www.putbus.de

Einkaufen

Anders Keramik, Alleestr. 35, Putbus, Tel. 03 83 07/402 38. Fayencen mit erfrischend fröhlicher Malerei vom künstlerischen Einzelstück bis zum Gebrauchsgeschirr.

Hotels

Jägerhaus, Dorfstr. 15, Lonvitz, Putbus, (ca. 1 km östlich vom Circus), Tel. 03 83 07/870 46, Fax 03 83 07/870 47, www.ruegen-zimmer.com. Freundliche einfache Pension in ländlicher Umgebung.

Koos, Bahnhofstr. 9, Putbus, Tel. 03 83 01/278, Fax 03 83 01/811 45, www.hotel-auf-ruegen.de. Traditionshotel (1898 erbaut) im Bäderstil mit Restaurant *Pommernstübchen*, das für seinen frischen Fisch und Spezialitäten der pommerschen Küche gerühmt wird.

Wreecher Hof, Kastanienallee, Wreechen, Tel. 03 83 01/850, Fax 03 83 01/851 00, www.wreecher-hof.de. Sieben rohrgedeckte Häuser in großem Gartenareal. Die luxuriöse Anlage bietet vielfältige Wellnessmöglichkeiten.

Restaurant

Jägerhütte Putbus, Alleestr. 33, Putbus, Tel. 03 83 01/510, Fax 03 83 01/550, www.jaegerhuette-ruegen.de. Die Gaststätte im Putbuser Park serviert ausgezeichnete Wild- und Fischgerichte. Rustikaler Speisesaal, Kaminbar, Sommergarten und Spielplatz.

Cafés

Am Circus, Circus 12, Putbus, Tel. 03 83 01/881 12. Café-Restaurant in historischem Ambiente.

Vom einstigen Fischerdorf und Badeort des Residenzstädtchens Putbus hat sich Lauterbach heute zu einem angenehmen Ferienort gemausert

Klassizistisches Schmuckstück – Lauterbachs hochherrschaftliches Badehaus in der Goor lässt erahnen, wie betucht die Badegäste zu Anfang des 19. Jh. waren

Theaterklause Make ab, Alleestr. 9, Putbus, Tel. 03 83 01/881 22, www.make-ab-putbus.de. Das gemütliche Lokal, halb Café, halb Bar, bietet sowohl Kuchen als auch Matjes. Wer einen der wenigen Tische auf dem Gehsteig erwischt, hat den Überblick über alles, was in Putbus geschieht.

5 Lauterbach, Insel Vilm und Vilmnitz

Seglerdorado und eine urwüchsige Insel am Rügischen Bodden.

Lange Zeit gehörte Lauterbach, ein früheres Fischerdorf, als Badeort zu Putbus, von wo es über eine knapp 3 km lange Lindenallee erreichbar ist. Sein Name geht auf den Mädchennamen der Gemahlin Fürst Wilhelm Maltes I. zurück. Seit einigen Jahren hat es sich zu einem eigenständigen Ferienort mit einem hübschen Fischerei- und einem modernen Jachthafen entwickelt. Und inzwischen wurde der Hafen sogar zum wichtigsten Segelhafen auf Rügen ausgebaut. Außerdem kann man hier am Kleinbahnhof den nostalgischen ›Rasenden Roland‹ besteigen, der den Ort über Putbus mit den rügenschen Ostseebädern verbindet.

Am östlichen Ortsrand, am Beginn des Goor genannten Strandwaldes, steht das fürstliche **Badehaus in der Goor**, 1817/18 im Auftrag Fürst Wilhelm Maltes errichtet. Das noble, lang gestreckte Gebäude, eines der schönsten seiner Art an der Ostseeküste, erinnert mit seiner 18-säuligen Vorhalle an einen griechischen Tempel. Im *Inneren* befanden sich früher Badezellen mit Wannen aus Carrara-Marmor. Die Anlage wurde 1818 als Friedrich-Wilhelm-Bad eingeweiht und bot Warmbäder mit Meerwasser. In der ersten Hälfte des 19. Jh. besuchten viele prominente Badegäste bis hin zum preußischen König Friedrich Wilhelm III. den fürstlichen Badeort. Nachdem das Haus zum Hotel und später zum Ferienheim eines Kombinats aus Eisenhüttenstadt umfunktioniert wurde, dann jahrelang ungenutzt blieb, ist es heute nach aufwendiger Restaurierung ein Luxushotel. Hinter dem Badehaus liegt das **Naturschutzgebiet Goor** mit seinem lichten Buchenwald, der sich von Spazierwegen durchzogen mehr als 2 km lang am Hochufer erstreckt.

Insel Vilm

Nach einer Sturmflut im Jahr 1304 hob sich vor Lauterbach Land in Form eines gestrandeten Wals aus dem aufgewühlten Meer, so erzählt es die Legende. Aber die Wissenschaft bewies, dass zumindest ein Teil der 94 ha großen Insel Vilm schon vor 6000 Jahren aus Resten eiszeitlicher Geschiebe entstanden ist. Bis ins 16. Jh. diente sie als Holzlieferant für das Festland. Seit dem 17. Jh. jedoch konnte der Wald ungestört gedeihen, sodass heute eine mannigfaltige Flora mit jahrhundertealten Eichen und Buchen auf der Insel zu finden ist. Zu Beginn des 19. Jh. entdeckten Badegäste und Landschaftsmaler wie Caspar David Friedrich und Carl Gustav Carus das naturbelassene schöne Eiland. 1936 wurde Vilm bereits unter Naturschutz gestellt, um seinen einzigartigen ›Urwald‹ zu erhalten. 1959 ließ die SED elf rohrgedeckte Häuser errichten, die hohen Parteifunktionären als Feriendomizile vorbehalten waren. Nach der Wende übernahm die *Internationale Naturschutzakademie*, eine Außenstelle des Bundesamtes für Naturschutz, die Anlage als Tagungsstätte (Tel. 03 83 01/860). Seit 1990 gehört die Insel außerdem zur Kernzone des Biosphärenreservats Südost-Rügen. Besucher werden nur in kleinen Gruppen von maximal 30 Personen pro Tag zugelassen (Anmeldung bei der Fahrgastreederei Lenz, Tel. 03 83 01/618 96).

Vilmnitz

Im nahen Vilmnitz, 2 km nordöstlich von Lauterbach, steht unter hohen Bäumen das malerische Ensemble einer gotischen Backsteinkirche mit Fachwerk-Pfarrhaus und Friedhof. Bis ins 19. Jh. war **St. Maria Magdalena** die Gemeindekirche der ganzen Umgebung, auch des etwa 3 km entfernten Putbus, und diente als Begräbnisstätte der Herren von Putbus (bis 1750). Unter dem Chor befindet sich die *Familiengruft*, in der auch Fürst Wilhelm Malte I. beigesetzt ist. Die Grablege mit den 27 Sarko-

◁ *Eine traumhafte Farbsymphonie verzaubert in der Abenddämmerung den Blick vom Lauterbacher Ufer zur Insel Vilm mit ihrem jahrhundertealten Wald*

ler Hans Broder 1708/09. An der Süd- und Westwand ziehen sich hölzerne Emporen entlang. Die südliche – mit Wappen verziert – ist die Patronatsloge der Herren von Putbus, auf der Westempore steht die Orgel, die der Stralsunder Orgelbaumeister Daniel Mehmel 1866 schuf.

ℹ Praktische Hinweise

Schiffe

Weiße Flotte GmbH, Tel 038 31/268 10, www.weisse-flotte.com. Ab Hafen Lauterbach Fahrten rund um oder zur Insel Vilm. Rundfahrten Ende Mitte Mai–Ende Sept tgl. 14.30 Uhr.

Reederei Hiddensee GmbH, Tel. 038 31/26 81 16, www.reederei-hiddensee.de. Rundfahrten zur Insel Vilm ab Hafen Lauterbach Ende Mitte Mai–Ende Sept. tgl.14.30 Uhr

Sport

Im Jaich, Marina Lauterbach, Am Yachthafen 1, Lauterbach, Tel. 03 83 01/80 90, Fax 03 83 01/809 10, www.im-jaich.de. 300 Liegeplätze, Vermietung von Segeljachten, auch mit Skipper; Segel- und Schnupperkurse. Mit Fitness- und Wellnesscenter. Luxusapartments und schwimmende Ferienhäuser gibt es ebenfalls zu mieten.

Hotels

Am Bodden, Chausseestr. 10, Lauterbach, Tel. 03 83 01/80 00, Fax 03 83 01/800 20, www.am-bodden,de. Einfaches gemütliches Haus mit modern ausgestatteten Zimmern, Restaurant und Biergarten.

Ulmenhof, Chausseestr. 5, Vilmnitz, Tel. 03 83 01/882 80, Fax 03 83 01/882 88 88, www.landhotel-ulmenhof.de. Kleines Hotel mit gehobenem Komfort in landschaftlich idyllischer Lage, ideal für Radler und Wanderer.

Restaurants

Nautilus, Dorfstr. 17, Neukamp, Tel. 03 83 01/830, www.ruegen-nautilus.de. Erlebnisgastronomie nach Jules Verne und seiner Hauptperson, Kapitän Nemo. Skurriles Lokal im Stil eines U-Boots mit angeschlossenem 30-Zimmer-Hotel (Restaurant Mo geschl.).

phagen ist für die Öffentlichkeit nicht zugänglich, lässt sich aber durch ein Fenster im Sockel der Apsis von außen einsehen.

Der schlichte Kirchenbau aus dem 13./14. Jh. ist einer der besterhaltenen auf Rügen. Der Turm (15. Jh.) wurde 1969 neu mit Zedernschindeln gedeckt. Der Innenraum ist weiß getüncht. Durch das breite Chorfenster fällt viel Licht in den Raum. Der frühbarocke *Hochaltar* wurde 1603 von Philipp von Putbus gestiftet. In farbig gefasstem Sandstein sind eine Kreuzigungsszene, die Evangelisten, das Abendmahl und das Wappen derer von Putbus dargestellt. An den Seitenwänden des Chors befinden sich vier reich geschmückte *Spätrenaissance-Epitaphe* (1594–1631) – steinerne Gedenktafeln für Mitglieder der Fürstenfamilie. Wie der Hochaltar stammen auch die Epitaphe vermutlich aus der Güstrower Werkstatt des Claus Midow. Die sechseckige *Kanzel*, deren Fuß von einer kunstvoll bewegten Figur des Moses mit den Gesetzestafeln gebildet wird, fertigte der Stralsunder Kunsttisch-

Viktoria, Dorfstr. 1, Lauterbach, Tel. 03 83 01/64 60, www.hotels-auf-ruegen.de. Schlichtes Traditionshaus direkt am Lauterbacher Hafen, gemütliche Fischerstube und Biergarten, auch einfache Hotelzimmer.

6 Garz

Älteste und kleinste Stadt Rügens in bukolischer Umgebung.

Von Putbus aus lässt sich Garz (1800 Einw.) über die Deutsche Alleenstraße erreichen. Das wendische Garec bedeutet Burg, und genau das war Garz bis ins 12. Jh., eine Burg mit Burgwall und einer slawischen Ansiedlung. Bevor Bergen aufgrund seiner zentralen Lage zum wichtigsten Marktort aufstieg, war Garz, dem schon 1319 das Stadtrecht verliehen wurde, außerdem der Hauptort der Insel. Heute ist es ein ländliches Kleinzentrum. Im Jahr 1930 sorgte hier die Eröffnung des ›Ersten Deutschen Diabetikerheims‹, welches das in Kanada entdeckte Insulin einsetzte, für Aufsehen. In dem frisch renovierten Gebäude ist nun eine Fachklinik für Kinder mit Atemwegserkrankungen eingerichtet. An der lang gezogenen *Hauptstraße* findet man die wichtigsten Geschäfte und eine Reihe von schmucken Bürger- und Handwerkerhäuschen.

Wegweiser leiten zur Nebenstraße ›An den Anlagen‹, an der die von altem Baumbestand beschatteten Grünanlagen um den Garzer See und den slawischen **Burgwall** liegen. Bis zum 12. Jh. befand sich hier die Burg Charenza, der Sitz eines Ranenfürsten. Man geht davon aus, dass auch eine Tempelanlage dazu gehörte, in der dem Donnergott Porenut, dem Wettergott Porevit und dem Kriegsgott Rugiavit gehuldigt wurde. In den mächtigen Burgwall von ca. 12 m Höhe und 200 m Durchmesser hat man eine moderne *Freilichtbühne* hineingebaut.

Um den Burgwall ranken sich viele Legenden, im 19. Jh. aufgeschrieben von Ernst Moritz Arndt. Im Haus ›An den Anlagen 1‹ befindet sich das Heimat- bzw. **Ernst-Moritz-Arndt-Museum** (Mai–Okt. Di–Sa 10–16 Uhr, Nov.–April Mo–Fr 11–15 Uhr). Im oberen Stockwerk werden Zeugnisse der Slawenzeit und Exponate zur Geschichte des traditionsreichen Städtchens gezeigt, z. B. das erste Garzer Stadtbuch. Die Ausstellung im unteren Geschoss ist dem Dichter und Patrioten Arndt (1769–1860) gewidmet, der in der Nähe, in Groß Schoritz, geboren und aufgewachsen ist und in der Garzer Kirche getauft wurde.

In Garz ist in einem hübschen Backsteinbau das Ernst-Moritz-Arndt-Museum beheimatet, das den Rügener Dichter sowie die Stadthistorie zum Thema hat

Ernst Moritz Arndt (Porträt von Carl Wildt nach Gemälde von Julius Roeting, 1855)

Leben und Werk von Ernst Moritz Arndt

Am zweiten Weihnachtstag 1769 wurde in Groß Schoritz Ernst Moritz Arndt als Sohn eines freigelassenen **Leibeigenen** geboren. Die Kindheit verbrachte er in Groß Schoritz, in Dumsevitz und in Grabitz bei Rambin. Er sah sich selbst als »hochwohlgeboren, weil das Haus meiner Geburt damals durch eine stattliche Treppe verziert war«. 1787 ging er nach Stralsund ins Gymnasium, kehrte aber immer wieder für kurze oder längere Besuche nach Rügen zurück. Die **Sehnsucht nach der Insel** begleitete ihn zeitlebens. Zwei Bände von Märchen und Jugenderinnerungen sowie zahlreiche Gedichte – wie das 1842 in Bonn geschriebene ›Heimweh nach Rügen‹ – erzählen von der Landschaft an Ostsee und Bodden.

Während des Studiums der Theologie in Greifswald und Jena arbeitete Arndt zwei Jahre lang als Hauslehrer bei Pastor Kosegarten [s. S. 82] in Altenkirchen. Danach reiste er viel, wobei er sich in Frankreich für die **Ideale der Französischen Revolution** und die Ideen Jean-Jacques Rousseaus begeisterte, einem ihrer geistigen Väter. Nach seiner Rückkehr wurde er Professor für Sprachen und Geschichte in Greifswald und publizierte 1803 sein wichtigstes Werk, den ›**Versuch einer Geschichte der Leibeigenschaft in Pommern und Rügen**‹. Die Anprangerung dieses menschenunwürdigen Daseins brachte Adel und Fürstentum gegen ihn auf, sodass er Pommern für ein Jahr verlassen musste. Doch als er sich ähnlich freiheitsliebend und vehement gegen den Besatzer Napoleon einsetzte, wurde er von den preußischen Machthabern rehabilitiert, als Verfechter Preußens gerühmt und erhielt 1818 einen Ruf als Professor für Geschichte nach Bonn. Allerdings eckte Arndt auch hier an. Seine leidenschaftlichen **Plädoyers für ein geeintes Vaterland** galten als demagogisch und er erhielt bereits 1820 ein weiteres Lehrverbot, das bis 1840 andauerte. Nach der Revolution von 1848 setzte sich Arndt als Abgeordneter in der Nationalversammlung der Frankfurter Paulskirche weiter für ein geeintes Deutschland, einen preußischen Kaiser und den Nationalgedanken ein. Er wurde 90 Jahre alt und starb am 29. Januar 1860 in Bonn am Rhein, wo er auch begraben liegt.

Heimweh nach Rügen

(erste und letzte Strophe)

O Land der dunklen Haine,
o Glanz der blauen See,
o Eiland, das ich meine,
wie tut's nach dir mir weh!
Nach Fluchten und nach Zügen
weit über Land und Meer,
mein trautes Ländchen Rügen,
wie mahnst du mich so sehr!
...
Fern, fern vom Heimatlande,
liegt Haus und Grab am Rhein.
Nie werd' an deinem Strande
ich wieder Pilger sein.
Drum grüß' ich aus der Ferne
dich, Eiland lieb und grün:
Sollst unterm besten Sterne
des Himmels ewig blühn!

Wenn der Ball da mal nicht im Schilf verschwindet – gut zielen ist angesagt auf der Golfanlage Schloss Karnitz

taraufsatz (1724) aus der Stralsunder Werkstatt von Elias Kessler und die hölzerne Barockkanzel des Stralsunders Hans Broder. Aus der Gründungszeit erhalten ist ein granitener Taufstein, der aus einem Findling gefertigt wurde.

Ziel eines Spaziergangs könnte das 4 km nördlich kurz vor Karnitz gelegene Naturschutzgebiet mit dem romantischen **Kniepower See** sein, um den ein etwa 7 km langer Wanderweg führt. In **Karnitz** selbst ist seit 1995 der erste Golfklub Rügens, die *Golfanlage Schloss Karnitz*, zu Hause. Das einstige Rittergut war Mitte des 18. Jh. ins Eigentum des Grafen Guido von Usedom übergegangen, dessen Nachfahren hier 1839 ein neogotisches Jagdschlösschen im Tudorstil mit auffälligen Zinnen und einem hohen Aussichtsturm errichteten. Der Schlosspark und einige umliegende Ländereien sind in den 18-Loch-Golfplatz einbezogen worden, während das Schlösschen noch auf seine Erschließung als Golfhotel wartet.

Die spätgotische Kirche **St. Petri** thront am Ende einer den Friedhof querenden Lindenallee auf einer Anhöhe am südöstlichen Ortsrand. Die um 1360 erbaute einschiffige Backsteinkirche hat ein schlichtes Äußeres und einen trutzigen Wehrturm. Auch innen herrschen einfache Formen und sparsame Bemalungen vor. Im Kontrast dazu stehen der barocke Al-

ℹ️ Praktische Hinweise

Sport

Golfzentrum Rügen Schloss Karnitz, Dorfstr. 11 a, Karnitz, Tel. 03 83 04/824 70, Fax 03 83 04/828 86, www.golfclub-ruegen.de. 18-Loch-Turnierplatz (Par 72), 9-Loch-Standardplatz (Par 60) und Übungsplatz für jedermann (Par 3).

Das zinnenbekrönte Schlösschen Karnitz bei Garz diente einst als gräfliches Jagddomizil, heute beherbergt es ein Golfzentrum

Das Gutshaus von Groß Schoritz war Geburtsstätte des späteren Schriftstellers Ernst Moritz Arndt, einem vehementen Gegner der Leibeigenschaft

Golfschule mit Driving-Range und Abschlagboxen (tgl. 9–20 Uhr). Außerdem Gaststätte und Ferienwohnungen.

Pferdehof Altkamp, Dorfstr. 3, Altkamp, Tel. 03 83 01/617 30, Fax 03 83 01/617 96, www.pferdehof-altkamp.de. Am Rügischen Bodden etwa 6 km von Garz entfernt gelegen, Zufahrt über Kasnevitz. Familienbetrieb mit 30 Jahre alter Pferdezucht von Mecklenburger Warmblütern und Deutschen Reitponys. Ferienwohnungen und Apartments.

Unterkunft

Am Wiesengrund, Am Wiesengrund 23, Garz, Tel./Fax 03 83 04/347, www.ruegen-hotel-am-wiesengrund.de. Freundliche Pension in ruhiger Ortsrandlage. Das Restaurant mit schöner Terrasse serviert gutbürgerliche Küche.

Restaurant

Zur Kastanie, Dorfstr. 24, Sehlen, Tel. 038 38/20 93 25, Fax 038 38/20 93 27, www.kastanienhof-ruegen.de. 8 km nördlich von Garz und 3 km nördlich von Karnitz. Gemütlicher Landgasthof mit bodenständigen guten Speisen, schönem Garten, Pool und Sauna.

7 Groß Schoritz und Zudar

Eine Dichterwiege und das geschichtsträchtige Eingangstor zur Insel.

Etwa 5 km südlich von Garz, am Ortsrand von Groß Schoritz liegt, gut ausgeschildert, das **Geburtshaus Ernst Moritz Arndts** (Dorfstr. 22, Tel. 03 83 04/524, Mai–Okt. Di–Sa 10–16 Uhr, Nov.–April Di–Sa 10–15 Uhr). In diesem ehem. Gutshaus lebte der Vater des berühmten Inselsohnes als Gutsverwalter des Herrn von Putbus, nachdem er aus der Leibeigenschaft entlassen worden war. ›Hier ist E. M. Arndt am 26. Dez. 1769 geboren‹ steht in feiner Schnörkelschrift auf dem barocken Dachgiebel. Nach dem Zweiten Weltkrieg wurde das Innere des Hauses nahezu komplett verändert. Es befindet sich heute im Besitz der Gemeinde und wird von der 1997 gegründeten Ernst-Moritz-Arndt-Gesellschaft betreut. Im Hochparterre gibt es ein Gedenkzimmer für den Dichter mit zeitgenössischer Einrichtung sowie einen größeren Saal für Wechselausstellungen.

Einer der besten Radwege der Insel führt von Groß Schoritz über Poseritz, Gustow bis kurz vor Altefähr auf einer aufgelassenen Bahntrasse (Ausschilderung als Radwanderweg).

Zwischen Groß Schoritz und der Halbinsel Zudar reicht eine Bucht, die **Schoritzer Wiek**, weit ins Land hinein und verengt sich am Ende zu einer seichten Lagune. Darin liegt das Inselchen **Tollow**, das unter Naturschutz steht, seit es einer *Kormorankolonie* als Brutstätte dient. Jedes Jahr im März kommen diese imposanten schwarzen Vögel zum Nestbau hierher und bleiben den Sommer über. Ihre Ausscheidungen haben allerdings die Bäume der Insel absterben lassen. Gespenstisch ragen die Baumgerippe empor, wie man von Maltzien aus besonders deutlich sieht. Übrigens: Der Legende nach hat Klaus Störtebeker auf diesem ungastlichen Eiland seine letzte Ruhestätte gefunden.

Zudar

Seit dem Mittelalter gelangten Besucher Rügens mit dem Boot vom festländischen Strahlbrode nach Glewitz auf der Halbinsel Zudar, eine etwa 2 km lange, mit der Fähre kaum mehr als 10-minütige Überfahrt. Während Autofahrer die Halbinsel in wenigen Minuten queren, können Wanderer und Fahrradfahrer sie gemächlich umrunden und dabei schöne Naturszenerien einfangen. Dank der Niederschriften von Ernst Moritz Arndt haben viele Mythen und Legenden, die zur Stimmung der Landschaft passen, überdauert. Sie erzählen z. B. von Meerjungfrauen, die in der Johannisnacht aus dem Wasser steigen und singen und von den Männern, die sie anschließend mit sich ins Wasser ziehen.

Die außen wie innen schlichte Kirche **St. Laurentius** im Hauptort Zudar wurde um 1318 erbaut. Sie taucht ebenfalls in den Sagen der Region auf. Ihre Glocken sollen einst von einer Sturmflut ans Ufer der Schoritzer Wiek angeschwemmt worden sein, aus dem mythischen Konow, einer reichen und mächtigen Stadt, die östlich von Zudar existiert haben, aber vom Meer verschlungen worden sein soll. Im 14. Jh. wurden Wunder vom Marienbild der Kirche erzählt, die daraufhin zu einem viel besuchten *Wallfahrtsort* wurde. Sie erlangte eine solche Bedeutung, dass zwei Wallfahrten nach Zudar mit der gleichen seelenreinigenden Kraft belegt wurden wie eine nach Rom. Aber der Ruhm dauerte nicht lange an. Als 1372 ein Boot mit Pilgern bei der Überfahrt im Strelasund sank und alle 90 Insassen er-

Ein außergewöhnlicher Anblick – eine Kormorankolonie bevölkert abgestorbene Bäume auf dem Inselchen Tollow in der Schoritzer Wiek

tranken, schwand auch der Glauben an die Wunderkraft des Marienbildes und St. Laurentius wurde wieder zur einfachen Gemeindekirche. Ihr Turm wurde im 17. Jh. ergänzt, der reich verzierte, barocke Altaraufsatz entstand 1707.

ℹ Praktische Hinweise

Camping

Pritzwald, Zudar, Tel./Fax 03 83 04/758. Am Greifswalder Bodden am Ostufer der Halbinsel Zudar überwiegend im Kiefernwald gelegener gepflegter Platz mit eigenem 700 m langen Sandstrand, der an das Landschaftsschutzgebiet der Schoritzer Wiek angrenzt.

8 Poseritz und Gustow

Beschauliche Dörfer und stille Buchten am Strelasund.

Die Dörfer Poseritz und Gustow an der Deutschen Alleenstraße wie auch die Halbinsel Drigge liegen nur wenige Kilometer vom Rügendamm entfernt, aber es gibt kaum einsamere Flecken auf Rügen. Das Inselufer am Strelasund ist von weiten Feld- und Wiesenflächen, verborgenen Buchten und kleinen stillen Wäldchen geprägt – ein zauberhafter Landstrich für lange Spaziergänge.

Schon im Dreißigjährigen Krieg war man sich jedoch der Nähe zum Festland bewusst. Auf der Halbinsel von Prosnitz, südlich von Gustow, legten damals die Schweden eine Befestigung an, die **Neufährschanze**, die auch im schwedisch-dänischen Krieg 1674–79 eine wichtige Verteidigungsrolle spielte. 1808 ließen die Franzosen die Wälle zum Fort Napoleon ausbauen. 1864 während des Deutsch-Dänischen Kriegs wurde es nochmals verstärkt. Die Formen der Anlage auf der Spitze der Halbinsel sind zwischen Salzwiesen und wildem Buschwerk noch gut zu erkennen.

Hübsch und sehenswert sind die gotischen Dorfkirchen von Poseritz und Gustow, die beide aus dem 14./15. Jh. stammen. In St. Marien in **Poseritz** ist neben einer gotischen Kreuzigungsgruppe (15. Jh.) an der Chorwand insbesondere die schöne Rokokokanzel des Stralsunder Meisters Jacob Freese von 1755 beachtenswert. In **Gustow** wurden 1935 bei Renovierungsarbeiten im Inneren der einschiffigen Pfarrkirche gotische Fresken

Ein Friedhof umgibt die Backsteinkirche von Gustow, die im Inneren mit sehenswerten gotischen Fresken aufwarten kann

mit Heiligendarstellungen freigelegt. Interessant ist auch der **Friedhof**. Nahe der Mauer findet man einen etwa 2,5 m hohen Gedenkstein, auf dem eine Ritzzeichnung des Gekreuzigten sowie eine Inschrift zu sehen sind. Es ist eine sog. *Mordwange*, die seit 1510 hier steht. Einen solchen Sühnestein musste der Mörder – nach der mittelalterlichen Rechtsprechung – an der Stelle aufstellen, an der er seine Tat begangen hatte. Wie die Inschrift besagt, wurde hier der Kirchenherr (Prediger) Thomas Norenberch (Norenberg) erschlagen.

ℹ Praktische Hinweise

Restaurant

Lindenkrug, Lindenstr. 27/28, Poseritz, Tel. 03 83 07/251, Fax 03 83 07/354, www.lindenkrug-poseritz.de. Das ausgezeichnete Gasthaus mit regionaler Küche befindet sich in einem einfachen Gebäude aus den 1950er-Jahren mit gut ausgestatteten, preiswerten Hotelzimmern und einem schönen Garten.

Im Südosten – der unwiderstehliche Charme der klassischen Ostseebäder

Ende des 19. Jh. entstanden an den langen feinsandigen Stränden der offenen Ostseeküste die Badeorte **Binz**, **Sellin** und **Göhren**, in denen sich die High Society ein Stelldichein gab. Strahlend weiße Villen in sommerlich leichter Bauweise, lange Seebrücken, an denen die großen Dampfschiffe anlegen konnten, und Strandpromenaden, an denen die Badegäste flanierten, gehörten damals zum Urlaubsambiente und üben auch heute wieder einen großen Reiz aus. Ferien ganz anderer Art sahen die Machthaber des Dritten Reiches in **Prora** vor, wo seitdem ein kilometerlanger Gebäudekoloss an den nationalsozialistischen Größenwahn erinnert.

In eine völlig eigene Welt kann der Besucher auf der Halbinsel **Mönchgut** eintauchen. Dort, wo sich einst das *Gut der Mönche* von Greifswald befand und sich die Insellandschaft in Buchten, Landzungen, Lagunen und Haken zerfasert, da liegen um den Hauptort **Middelhagen** zahllose kleine, hübsche Ansiedlungen mit rohrgedeckten niedrigen Fischerkaten, geduckt in Buchten, versteckt vor dem Wind.

9 Ostseebad Binz

Mondäner Badeort mit attraktiver Bäderarchitektur und lebhafter Strandpromenade.

Binz liegt am Südende der Prorer Wiek. Auf der Landseite wird der Ort im Westen vom **Schmachter See** begrenzt. Im Südosten reichen Wohnviertel und Strand an den Wald der **Granitz** heran, der zu Wanderungen einlädt. Binz verfügt über zwei Bahnhöfe, im Nordwesten liegt der der **Deutschen Bahn** und im Südosten der des ›Rasenden Rolands‹. Mit rund 5000 Einwohnern und mehr als doppelt so vielen Fremdenbetten ist Binz das größte und bedeutendste der rügenschen Seebäder.

Obwohl schon 1318 als Ortschaft *Byntze* dokumentiert, wurde Binz erst bekannt, als ab 1860 die ersten Badegäste kamen. 1870 zählte man während des Sommers noch 80 Gäste, die der damaligen strengen Etikette gemäß keusch in Badewagen und nach Geschlechtern getrennt das kühle Nass genossen. Vier Jahre später waren es bereits 500 Urlauber. Als 1893 das Kurhaus erbaut wurde, war Binz zu einem beliebten **Badeort** des gehobenen Bürgertums avanciert, an der Strandpromenade und den dahinter angelegten Parallelstraßen nahm die Zahl der Ferienvillen beständig zu.

Infolge der Eröffnung der Kleinbahnstrecke von Putbus nach Binz 1895 und des Baus der **Seebrücke** 1902, an der Schiffe aus Stralsund und Greifswald anlegten, erhöhte sich die Besucherzahl weiter. Das hölzerne Bauwerk musste jedoch mehrfach erneuert werden. 1912 wurde die ursprünglich 600 m lange Seebrücke von einem Dampfer gerammt, über 100 Menschen fielen ins Wasser, 14 von ihnen ertranken. Dieser tragische Unfall gab übrigens Anlass zur Gründung der Deutschen Lebensrettungs-Gesellschaft (DLRG) 1913. Der Brückenneubau fiel im Jahr 1942 einer Sturmflut zum Op-

Filigran verzierte Loggien und Balkone kennzeichnen die Bäderstilarchitektur der prächtigen schneeweißen Villen in der Selliner Wilhelmstraße

Oben: *Abends gehört der ansonsten trubelige Binzer Strand Spaziergängern und Strandgutsuchern*
Unten: *Die aparte Badenixe im Historischen Binz-Museum belegt, dass der Bikini um 1900 noch in weiter Ferne war*

fer, doch 50 Jahre später, 1992, konnte eine neue, diesmal 370m lange Seebrücke eingeweiht werden.

Die großbürgerlichen Villen von Binz fungierten während der DDR-Zeit als Kinderheime und Gewerkschafts-Freizeitstätten, die Hotels waren großen Kombinaten als Betriebsferienheime zugewiesen worden. Nach fieberhafter Bautätigkeit in den 1990er-Jahren, die neben der Villensanierung und der Errichtung der neuen Seebrücke auch den Ausbau der Strandpromenade umfasste, erstrahlt Binz heute wieder im alten Glanz, ein äußerst attraktives, aber auch teures Pflaster.

An der 3 km langen Binzer **Strandpromenade** reihen sich Villen im Stil der alten Bäderarchitektur (um 1900) und moderne Großhotels wie Perlen einer Kette aneinander. Dazwischen gibt es Kioske, Eisbuden und Terrassencafés. 1893 entstand das dreiflügelige, schlossartige **Kurhaus** an der Promenade, dessen offener Hof zum Meer weist. Es brannte 1906 ab, wurde aber im Originalstil wieder aufgebaut und in den 1990er-Jahren vollständig renoviert. Seit Dezember 2001 ist es als Luxushotel mit Restaurant wieder eröffnet. Auch die Straßen hinter der Strandpromenade, wie fast der ganze übrige Ort, werden von Hotels, Villen mit Apartments, Souvenirläden, Cafés und Restaurants gesäumt.

Über die Schillerstraße erreicht man das **Historische Binz-Museum** (Zeppelinstr. 8, Tel. 03 83 93/502 22, März–Okt. Di–So 10–12, 13–18 Uhr, Nov.–Febr. Mi–Fr, So 10–12, 13–16, So 10–12, 13–18 Uhr), das die Entwicklung des Ortes vom Fischerdorf zum mondänen Seebad dokumentiert und z. B. mit einer interessanten Bademodenkollektion den Urlaubsalltag der Zeit um 1900 illustriert.

ℹ️ Praktische Hinweise

Information

Fremdenverkehrsverein Binz, Paulstr. 2, Binz, Tel. 03 83 93/66 57 40, Fax 03 83 93/66 57 50, www.ostseebad-binz.de

Einkaufen

Bürgelhaus Binz, Jasmunder Str. 1, Binz, Tel. 03 83 93/136 60. Laden mit blauer Keramik aus der thüringischen Töpferstadt Bürgel.

Glasbläserei Binz, Schillerstr. 11, Binz, Tel. 03 83 93/314 95. Hier kann man dem Glasbläser bei der Arbeit zusehen und schöne Stücke erwerben.

Ganz in Weiß – wie kostbare Perlen an einer Schnur reihen sich die sommerlich-heiteren Bäderstilvillen an der Binzer Strandpromenade aneinander

Der Reiz der Seebäderarchitektur

Der Badetourismus, den man bis Mitte des 19. Jh. in Mitteleuropa kannte, bestand aus Reisen in die böhmischen **Heilbäder**, allen voran Karlsbad und Marienbad. Es war ein Tourismus der Reichen, die während ihrer mehrwöchigen Aufenthalte in vornehmen Villen residierten und sich in gepflegten Parks und klassizistischen Wandelhallen ergingen, wobei das gesellschaftliche Leben und das Vergnügen keinesfalls zu kurz kamen. Diese Anlagen im Blick begannen sich die deutschen Bäder an der Ostsee zu entwickeln. Allen voran das 1793 von Großherzog Friedrich Franz I. von Mecklenburg gegründete Heiligendamm bei Bad Doberan, das zunächst aus einem Badehaus und einem Dutzend repräsentativer Logierhäuser bestand – Bauten im reinsten **Klassizismus** mit strahlend weißen Fassaden! Heiligendamm diente als Vorbild für das rügensche **Putbus** (1808–45). Doch als die Badeorte an der Südostküste Rügens ab 1880 den eigentlichen Aufschwung erlebten, hatte sich die Mode bereits gewandelt. Während der Gründerzeit herrschte einerseits ein architektonischer **Eklektizismus** vor, der von allen erdenklichen Baustilen Anlei-

hen bezog und sogar einfache Nutzbauten mit Erkern, Balkonen, Türmchen, Ziergiebeln oder Freitreppen schmückte. Zum anderen vollzog man die Entwicklung fort vom geschlossenen **Badehaus** zum sich dem Meer hin öffnenden Gebäude und lehnte sich dabei an böhmisch-österreichische und italienische Architektur mit luftigen Loggien, balustradenbewehrten Veranden, verzierten Balkonen und filigran gestalteten Giebelfeldern an. Daraus entstand eine ganz eigene Stilmischung, die um die Wende vom 19. zum 20. Jh. ihre Blütezeit erreichte. In den traditionellen Badeorten Rügens sind eine Reihe von Villen in diesem **Bäderstil** erhalten, die sich nach aufwendiger Renovierung heute wieder in strahlendem Weiß präsentieren. In **Binz** sieht man sie beispielsweise in der Hauptstraße, in der Putbuser Straße, der Margaretenstraße und an der Strandpromenade. In **Sellin** stehen sie hauptsächlich entlang der Wilhelmstraße, in **Göhren** an der Strandstraße und in **Sassnitz** an der Bergstraße. Und alle diese Villen strahlen einen harmonisch-heiteren Gesamteindruck aus, wobei jede einzelne ihre eigene unverwechselbare Prägung hat.

Keine Chance der Langeweile – vor der imposanten Kulisse des stilvollen Binzer Kurhauses wird eine fröhliche Beachparty gefeiert

Narrenkeramik, Margaretenstr. 22, Binz, Tel. 03 83 93/337 26, www.narrenkeramik. de, Mo-Fr 14.30-17.30. Künstlerisch gestaltete Keramik und Geschirreditionen.

Hotels

Binz-Therme, Strandpromenade 76, Binz, Tel. 03 83 93/60, Fax 03 83 93/615 00, www.binz-therme.de. Hotelanlage am Ende der Strandpromenade, in Waldnähe. In der Thermal- und Kurabteilung kann man sich mit Massagen und Kreidepackungen verwöhnen lassen.

Loev, Hauptstr. 20-22, Binz, Tel. 03 83 93/390 , Fax 03 83 93/394 44, www.loev.de. Zwei im Stil der Bäderarchitektur errichtete Häuser an der Einkaufsmeile in Strandnähe mit ruhigen Zimmern und gutem Restaurant.

Strandhotel Lissek, Strandpromenade 33, Binz, Tel. 03 83 93/38 10, Fax 03 83 93/38 14 30, www.strandhotel-lissek.de. Die edle Bäderstilvilla mit charakteristischem Zwiebelturm ist nur einen Steinwurf vom Strand entfernt. Gediegene Zimmer, Hallenbad und Sauna sorgen für einen angenehmen Aufenthalt.

Villa Salve, Strandpromenade 41, Binz, Tel. 03 83 93/22 23, Fax 03 83 93/1 36 29, www.ruegenschewe.de. Die klassizistische Villa an der Promenade besticht durch stilvoll eingerichtete Zimmer und Suiten. Das Restaurant greift den Stil einer französischen Brasserie auf.

TOP TIPP

Villa Sylvia, Hauptstr. 11 a, Binz, Tel. 03 83 93/28 96, Fax 03 83 93/326 52, www.villa-sylvia.de. Freundliche Ferienwohnungen mit separatem Eingang, 150 m vom Strand entfernt.

Restaurants

Araucaria, Hauptstr. 16, Binz, Tel. 03 83 93/52 90. Im Restaurant mit schöner Terrasse kann man sich bodenständige Küche mit Spezialitäten wie Wittower Fischerschmaus und Mecklenburger Rippenbraten schmecken lassen.

Binzer Bierstuben, Bahnhofstr. 2, Binz, Tel. 03 83 93/26 78, www.hotel-granitz.de. Das gemütliche Traditionslokal im Hotel Granitz bietet hervorragende gut bürgerliche Küche und freundlichen Service, Reservierung ist empfehlenswert.

Fischmarkt, Strandpromenade 33, Binz, Tel. 03 83 93/38 10. Das Restaurant im Strandhotel Lissek bietet fangfrischen Fisch (u. a. ausgezeichnete Fischsuppe) und inseltypische Gerichte. Einladend sind bei schönem Wetter die Außensitzplätze auf der Strandpromenade.

Strandhalle, Strandpromenade 5, Binz, Tel. 03 83 93/3 15 64. Kleines originelles Lokal mit kreativer Küche (Reservierung empfohlen).

10 Prora

Gespenstische Bauruinen am schönsten Strand Rügens – ein gigantisches Mammutprojekt ohne Zukunft.

Die Straße von Binz nach Sassnitz verlässt den Ort an einer Plattenbau-Siedlung und dem DB-Bahnhof und taucht in den Strandwald zwischen dem Kleinen Jasmunder Bodden und der Prorer Wiek ein. 10 km lang erstreckt sich der herrliche breite *Sandstrand* der **Schmalen Heide** an der Prorer Wiek. Der Kiefernwald schirmt den Strand von der Straße ab, sodass man sich hier ganz ungestört in der Sonne räkeln kann.

Nach ca. 3 km ab Binz führt die Straße (ausgeschildert) über Bahngleise in das unübersichtliche Gelände hinter dem Strand. Hier steht der **Koloss von Prora**, eine der beeindruckendsten Sehenswürdigkeiten Rügens und das größte Bauwerk Deutschlands. Acht sechsgeschossige Betonblocks von je 550 m Länge reihen sich hinter einer Schutzdüne am Strand aneinander, das sind 4,5 km einheitliche graue Bauten mit unzähligen Fenstern: Feriensilos, in denen 20 000 Menschen gleichzeitig Urlaub machen sollten.

1935 beauftragte der Reichsorganisationsleiter des Programms ›Kraft durch Freude‹, Robert Ley, den Kölner Architekten Clemens Klotz (1886–1969), eine Anlage zu entwerfen, die den Anforderungen des faschistischen Freizeitprogramms entsprach. Neben 10 000 kleinen Zimmern (je 12 m²) mit je zwei Betten und einem Fenster zur See sollte der Komplex Gemeinschaftsräume und Serviceanbauten erhalten sowie einen zentralen Bereich mit Aufmarschplatz, Veranstaltungshalle und Kaianlage. Klotz' Plan erhielt 1937 einen Preis auf der Weltausstellung in Paris.

Die Bautätigkeit begann 1936 auf einem Gelände von 3,2 km² mit 5000 Arbeitern und sollte 1941 abgeschlossen sein. Aber zu Beginn des Zweiten Weltkriegs wurden die Bautrupps zu anderen Aufga-

Nationalsozialistische Utopie der Massenerholung – mehrere Kilometer ziehen sich die monotonen Gebäude der KdF-Anlage an der Bucht von Prora entlang

Nichts für Individualisten – die spartanisch eingerichteten Zweibettzimmer im Koloss von Prora wirken auf heutige Besucher wenig einladend

Kraft durch Freude oder Urlaub nach der Trillerpfeife

1933 wurden die Mitglieder der deutschen Gewerkschaften zwangsweise in die Deutsche Arbeiterfront überführt. Diese gründete die Organisation **Kraft durch Freude**, kurz KdF, für Freizeitgestaltung, Urlaub und Volksbildung. Man hatte errechnet, dass die Menschen von 8760 Stunden im Jahr 3285 Stunden arbeiteten, 2920 schliefen und dann immer noch 2555 für die Freizeit übrig hatten. Letztere sollten sinnvoll und fruchtbringend hinsichtlich der Arbeitsleistung verwendet werden. Mit der Kräftigung der Arbeiter wollte man zugleich die im Zuge der Aufrüstung notwendigen **Produktionssteigerungen** durchsetzen. Es war geplant, fünf Seebäder im Stil von **Prora** zu bauen, aber von diesen megalomanen Plänen wurde kaum etwas verwirklicht.

In den 10 000 geplanten Zimmern von **Prora** sollten 20 000 Arbeiter Urlaub machen. Bei einer Aufenthaltsdauer von zehn Tagen wäre es also möglich gewesen, zwischen Mai und September hier 300 000 Gäste zu beherbergen. Die Zimmer boten wenig Platz zum Wohnen und waren nicht individuell gestaltet. Entsprechend uniform sollte auch der kollektiv geregelte Tagesablauf der Urlauber aussehen. Gedacht war an gemeinsame Körperertüchtigung und blockweise eingenommene Mahlzeiten in großen Speisesälen.

Die vielfältigen tatsächlich realisierten KdF-Aktivitäten beinhalteten ein umfangreiches kulturelles und touristisches **Freizeitprogramm**, das mit Breitenwirkung zur Anwendung kam. Bis 1938 besuchten über 38 Mio. Menschen Theateraufführungen, Konzerte, Kunstausstellungen usw. Besonderen Wert legte die NS-Propaganda jedoch auf die **Tourismussparte**: KdF verkaufte bis 1939 rund 43 Mio. Reisen, überwiegend Tagesausflüge. Um die Mobilität der Ferienreisenden zu erhöhen wurde als Teil dieses Programmes auch der **Volkswagen** entwickelt, der jedoch erst nach dem Zweiten Weltkrieg in Serie ging. Trotz des Käfers war es aber noch ein weiter Weg vom Urlaubsprogramm à la KdF bis zum Massentourismus heutiger Tage.

ben abgezogen und die Anlage blieb unvollendet. Nach dem Krieg versuchte die Rote Armee, die bestehenden Bauten in die Luft zu sprengen, aber sie scheiterte am soliden Stahlbeton. Daraufhin wurden die Gebäude innen fertig ausgebaut und als *Kasernen* der Nationalen Volksarmee der DDR verwendet. Das gesamte Areal wurde zum Sperrbezirk erklärt. 1990 wurde die Megaanlage für zwei Jahre von der Bundeswehr übernommen. Der jetzige Besitzer des 1994 unter Denkmalschutz gestellten Komplexes, die Bundesanstalt für Immobilienaufgaben, das ehem. Bundesvermögensamt, konnte bislang kein Gesamtkonzept für die Nutzung entwickeln, sodass große Teile des Ensembles leer stehen. Es gibt zwar Planungen für Miet-, Eigentums- und Ferienwohnungen sowie für eine Jugendherberge, aber die Zukunft des ganzen Areals bleibt nach wie vor unklar.

In den Gebäudeblocks südlich des zentralen Bereiches hat sich inzwischen ein Sammelsurium von kuriosen Museen etabliert. Allein zur **KulturKunststatt Prora** (Tel. 03 83 93/326 96, www.kulturkunst statt-prora.de, sommers tgl. 9–19 Uhr, winters tgl. 10–16 Uhr) gehören mehrere Museumseinheiten auf 5000 m^2 in Block 3. Das **NVA-Museum** dokumentiert auf vier Etagen den Alltag der Nationalen Volksarmee. Im Erdgeschoss erläutert das **NS/KdF-Museum** die Planung, den Bau und ein ca. 18 m langes Modell der Anlage. Daneben gibt es ein **Rügen-Museum**, eine Galerie und ein Wiener Kaffeehaus.

In einem weiteren Gebäudeteil (Objektstr. 3–4) ermöglicht das **Prora Museum** eine Reise in den Alltag der DDR und das **Turmperiskop** einen Blick über die ganze gespenstische Szenerie; das naturwissenschaftlich ausgerichtete **Museum zum Anfassen** erläutert anschaulich und informativ physikalische und technische Phänomene. Das ebenfalls spannende **Erlebnismuseum Wasserwelt** dokumentiert u. a. das Naturphänomen von Wellen und Gezeiten.

Kurios ist das neben dem Museum zum Anfassen an einem der wenigen Durchgänge zum Strand gelegene **Café Blickwinkel** (tgl. 13–20 Uhr). Dort gibt es zwar auch Kaffee, aber hauptsächlich Trödel und NVA-Devotionalien. Besonders sehenswert ist die Ausstellung ›MachtUrlaub‹ im **Dokumentationszentrum** (www. proradok.de) mit wissenschaftlich fundierten Informationen zum ›Kraft durch Freude‹-Programm der Nationalsozialis-

ten. Ebenso renommiert ist die **Grafik-Galerie** (April–Okt. Di–So 11–17 Uhr) mit 5000 Grafiken namhafter, internationaler Künstler, wie Ernst Barlach und Otto Dix, aus der Sammlung Vogel).

Direkt in der sog. Museumsmeile Prora mit seinen Museen, Galerien, Ateliers, Cafes, einer Gaststätte und einer Diskothek liegt das **One World Camp** (Wittower Heide 2, Tel. 03 83 02/718 35, www.one worldcamp.de), ein Jugendgästehaus mit einfachen Zwei- bis Fünfbettzimmern.

Auf der nördlichen Seite des überwucherten und von Bauruinen gesäumten zentralen Platzes der Anlage befindet sich in zwei Hallen das **Eisenbahn- und Technik Museum** (Am Bahnhof 4, Tel. 03 83 93/23 66, April–Okt. tgl. 10–17 Uhr) mit einer beeindruckenden Sammlung von alten Lokomotiven, Werkbahnen, Feuerwehrautos, Pkws und Flugzeugen aus DDR-Beständen.

11 Zirkow

Historischer Museumshof und eine 180 Jahre alte Rotbuchenallee.

Südlich der Durchgangsstraße B 196 von Bergen nach Binz liegt der Ortskern von Zirkow. Markiert wird er von einer gotischen Backsteinkirche aus dem 15. Jh. und einem idyllischen **Museumshof** (Binzer Straße 43 a, Tel. 03 83 93/328 24, Mo–Fr 9–17, April–Okt. auch Sa/So 10–17 Uhr), der in einem 260 Jahre alten rohrgedeckten Pachthof die bäuerliche Lebens- und Wirtschaftsweise der Region durch eine Sammlung historischer Haushalts- und Agrargerätschaften anschaulich vermittelt.

Nördlich der B 196 führt eine für den Autoverkehr gesperrte uralte Kopfsteinpflaster-Straße schnurgerade von Zirkow nach **Kiekut**. Zu Fuß ist es ein hübscher Weg, denn man spaziert durch den grünen Blättertunnel der **Mustitzer Rotbuchenallee**, eine der ältesten und schönsten Alleen auf Rügen. Über 100 prachtvolle Rotbuchen ließ Fürst Wilhelm Malte I. von Putbus 1820 auf einer Strecke von ca. 2,5 km anpflanzen. Seit 1937 ist die Allee ein Naturdenkmal. Westlich von Kiekut setzt sie sich entlang der Bundesstraße 196a bis Karow fort. Von Kiekut über Lubkow und dann durch den Wald bis zum Schmachter See, über Hagen und Darz zurück nach Zirkow ergibt sich ein angenehmer, wenig frequentierter *Rundweg*.

ℹ Praktische Hinweise

Sport

Pferdehof Viervitz, Dorfstr. 3 a, Viervitz, Tel./Fax 03 83 93/145 50, www.hof-vier vitz.de. Reitunterricht, auch an der Longe; Ponyreiten und Westernreiten mit original Appaloosapferden. Geführte Ausritte.

Unterkunft

Alte Schule, Putbuser Str. 14, Zirkow, Tel. 03 83 93/324 70, Fax 03 83 92/13 38 34, www.alte-schule-zirkow.de. Freundliche Pension mit modern eingerichteten Ferienwohnungen.

12 Jagdschloss Granitz

Von überall im Südosten Rügens zu sehen: das stolze Schloss im fürstlichen Jagdwald.

Der Besucher erreicht das auf einer Lichtung in der waldreichen **Granitz** gelegene Jagdschloss Granitz entweder zu Fuß, per Fahrrad oder mit dem ›Jagdschlossexpress‹. Dieses offene Touristenbähnchen startet von der Seebrücke Binz zwischen 9 und 17.15 Uhr alle 45 Minuten und bringt einen in 45 Minuten zum Jagdschloss. Schneller ist man allerdings zu Fuß (3 km). Die Haltepunkte des ›Rasenden Rolands‹ (*Jagdschloss* und *Garftitz*) sind jeweils etwa 500 m vom Schloss entfernt in südwestlicher bzw. in südöstlicher Richtung. Für Autofahrer gibt es einen *Großparkplatz* zwischen Serams und Binz; von dort dauert der Fußweg keine halbe Stunde, aber es gibt sogar ein Pendelbähnchen.

Das große Waldgebiet zwischen Binz und Sellin gehörte seit dem 14. Jh. den Herren von Putbus, die es als Jagdrevier nutzten. 1723 hatte sich Graf Moritz Ulrich I. am Fuße des Tempelbergs (107 m) ein Jagdhaus erbaut. 100 Jahre später zeichnete der Architekt Johann Gottfried Steinmeyer (1780–1851), ein Studienkollege von Karl Friedrich Schinkel, im Auftrag von Fürst Wilhelm Malte I. Pläne für einen Palast, der anstelle eines 1810 abgerissenen alten Belvederes oben auf dem Tempelberg entstehen sollte. 1836 begann man mit der Errichtung des um einen zentralen Lichthof angelegten **Jagdschlosses Granitz** (Tel. 03 83 93/22 63, www.mv-schloesser.de, Mai–Sept. tgl. 9–18 Uhr, Okt.–April Di–So 10–16 Uhr) mit vier Eck-

Burgartig und doch freundlich wirkt die Anlage des Jagdschlosses Granitz aus dem 19. Jh. mit dem von Friedrich Schinkel entworfenen zentralen Aussichtsturm

Auch in seinem Jagdschloss legte Fürst Wilhelm Malte Wert auf eine stilvolle und kostbare Gestaltung der Räume, wie der Speisesaal eindrucksvoll bezeugt ▷

türmen im Stil einer gotischen Burg. Während des Baus änderte der Fürst seine Pläne und entschied sich anstelle des offenen Innenhofs für einen zentralen Turm. Die Vorschläge Steinmeyers dazu hielt er für »unnütz« und wandte sich deshalb direkt an Schinkel. Dieser entwarf den 38 m hohen Mittelturm, zu dessen **Aussichtsplattform** eine reizvolle, filigran gearbeitete Wendeltreppe (1844) mit 154 gusseisernen Stufen hinaufführt. Die Rundumsicht vom Turm ist grandios.

1846 war das Schloss fertig gestellt, die Arbeiten an der Dekoration der prächtigen Säle zog sich jedoch noch einige Jahre hin. Der kunstvollste Raum ist der Festsaal mit Stuckdecke, Parkett, Eichentäfelung und Marmorverkleidungen sowie einem großen, 1847 in Rom erbauten Marmorkamin, auf dessen Aufsatz eine Wildschweinjagd dargestellt ist. Auch Rittersaal, Empfangs- und Damensalon sowie das Speisezimmer weisen noch die originalen Marmor- bzw. Parkettböden, Decken- und Wandverkleidungen auf, wohingegen die ursprüngliche Möblierung verloren ging und durch andere Stücke ersetzt wurde.

Der **Granitzer Wald** mit seinem uralten Buchen-, Fichten- und Traubeneichenbestand bedeckt ein Gebiet von etwa 40 km² in Südost-Rügen. Im Frühjahr steht er voller lieblicher Waldanemonen, im Sommer blühen Orchideen wie der Frauenschuh und das Knabenkraut und im Herbst wächst eine große Vielfalt an Pilzen.

Von Binz gibt es zwei ausgeschilderte *Wanderwege* durch die Granitz nach Sellin (ca. 6 km). Der erste folgt überwiegend der Steilküste, der zweite quert den Wald in der Mitte und verläuft im letzten Drittel parallel zur Strecke des ›Rasenden Rolands‹.

ℹ Praktische Hinweise

Restaurant

Alte Brennerei, Kellerlokal des Schlosses Granitz, Tel. 03 83 93/328 72. Hier kann man sich in rustikalem Ambiente nach einer Schlossbesichtigung stärken. Ab 10 Pers. und nach Vorbestellung werden abends zünftige Schlemmerspektakel im Stil der alten Raubritter veranstaltet.

13 Lancken-Granitz und Having

Romantische Dörfer, die mit der Boddenlandschaft verschmelzen.

Der beschauliche Ort Lancken-Granitz (300 Einw.) an der Straße Putbus–Sellin geht auf eine slawische Gründung zurück. In der über einem Sockel aus Findlingen errichteten backsteinernen **Dorfkirche** (15. Jh.) sind Wandmalereien, Chorgestühl und ein hölzernes Kruzifix aus dem frühen 16. Jh. sehenswert.

Hauptanziehungspunkte sind jedoch die etwa 4500 Jahre alten steinzeitlichen **Hünen-** und **Hügelgräber** in der Umgebung. Von der kleinen Straße, die Lancken-Granitz südwestlich Richtung Groß Stresow verlässt, sieht man in den Feldern baumbestandene ›Inseln‹ mit Hügel- und Hünengräbern liegen, die der ausgewiesene *Fünffingerweg* miteinander verbindet. Die eindrucksvollsten dieser aus riesigen Steinblöcken errichteten Großsteingräber sind die sog. **Ziegensteine**, etwa 500 m weiter südlich in der Umgebung von Dummertevitz.

Zu Lancken-Granitz gehört eine Reihe von Dörfern, die idyllisch an der Bucht Having, am Neuensiener und am Selliner

Gruppen von riesigen Steinblöcken markieren noch heute in der Umgebung von Lancken-Granitz die Überreste steinzeitlicher Großsteingräber

TOP TIPP See liegen und sich am besten zu Fuß auf einem **Rundweg an der Having** erschließen. Die beiden Seen sind nur noch mittels schmaler Rinnen, der *Lanckener* und der *Baaber Beek*, mit der Having und damit dem offenen Meer verbunden, gehörten aber noch im Mittelalter zu der großen Bucht. Von Preetz, südlich von Lancken-Granitz,

führt ein Sträßchen nach **Seedorf**, wobei man die Lanckener Beek auf einer nur für Fußgänger und Fahrräder zugelassenen kleinen Brücke quert. Seedorf besteht aus einer Häuserreihe entlang der Beek bis zum Ufer des Sees und dem Weiler Neuensien. Am Südende des Ortes folgt der Wanderweg der Steilküste über die Dünen bis **Moritzdorf**, das bereits an der

Hier scheint die Welt noch in Ordnung – zwischen Having und Selliner See fügen sich die Häuschen von Moritzdorf harmonisch in die anmutige Landschaft ein

Baaber Beek liegt, der Rinne zum Selliner See. Auch Moritzdorf hat nur eine doppelte Reihe von hübschen Häuschen. Es liegt am Fuß der bewaldeten Anhöhe, auf der sich die Ausflugsgaststätte *Moritzburg* befindet. Ans jenseitige Ufer der Beek, *Baaber Bollwerk* genannt, gelangt man nur mit einer ›muskelbetriebenen‹ Ruderbootfähre, der letzten Rügens. Auf einsamen Wegen geht es dann in die Baaber Heide und nach Alt Reddevitz. Der Rundweg folgt jedoch von Moritzdorf dem Uferweg des Selliner Sees bis **Altensien** und dreht dort wieder westwärts über **Neuensien** und das Nordufer des Neuensiener Sees zurück nach Lancken-Granitz.

ℹ Praktische Hinweise

Information

Gemeindezentrum, Dorfstr. 8, Lancken-Granitz, Tel./Fax 03 83 03/872 15 (Mo, Mi 9–13, Fr 15–19, Sa 9–13 Uhr)

Nationalparkamt Rügen, Blieschow 7 a, Lancken-Granitz, Tel. 03 83 03/88 50, Fax 03 83 03/885 88 (am Eingang zur Granitz, Kleinbahnhaltepunkt Garftitz)

Sport

Green Valley Ranch, Altensien 14, Sellin, Tel. 03 83 03/879 39, www.reiturlaub-ruegen.de. Reitplatz, Geländeritte, Ponyreiten und Streichelzoo.

Einkaufen

De Seedörper, Am Seglerhafen Seedorf, Tel. 03 83 03/879 74. Frisch aus der Fischräucherei schmeckt die Inselspezialität Räucherfisch am besten.

Fischräucherei Having, Neuensien 10, Seedorf, Tel. 03 83 03/872 25. Auch als Souvenir ist der hier angebotene Räucherfisch beliebt.

Hotels

TOP TIPP **Hotel Moritzdorf**, Dorfstr. 15, Moritzdorf, Tel. 03 83 03/186, Fax 03 83 03/187 40,www.hotel-moritzdorf.de. Gemütliches Hotel mit zwei rohrgedeckten Häusern in idyllischer, ruhiger Lage am Ende der Fahrstraße mit Blick auf die Having. Das Terrassenrestaurant bietet liebevoll zubereitete Speisen und hausgemachten Kuchen.

Seeblick, Neuensien 9 a, Seedorf, Tel. 03 83 03/865 97, Fax 03 83 03/782 54, www.ferienpension-seeblick.de. Hübsche Pension mit behaglichen Zimmern am Neuensiener See. Mit Liegewiese, Fahrradverleih und Ruderbooten.

Biosphärenreservat Südost-Rügen

Der in Bergen geborene Heimatforscher und Reiseschriftsteller Johann Jacob Grümbke (1771–1849) nannte den Südosten der Insel – eine reizvolle, vielfältige Landschaft mit Wäldern, Seen, Mooren, Steilküsten und Sandstränden – in seinen ›Streifzügen durch das Rügenland‹ von 1805 das »wahre Paradies von Rügen«. Damit es auch ein solches Paradies bleibe, wurde das Gebiet zwischen Putbus, Binz und Thiessow am 1. Okt. 1990 zum Biosphärenreservat Südost-Rügen erklärt. Es schließt, ab Altkamp und Kasnevitz im Westen, die Gemeinden am Rügischen Bodden, die Granitz, die Seebäder Sellin, Baabe, Göhren sowie das gesamte Mönchgut und die Having ein. Insgesamt umfasst es 23 500 ha, davon 12 600 ha Wasserfläche. Ein Biosphärenreservat enthält nach Maßgaben der UNESCO drei Zonen: **Schutzzone I** ist das Kerngebiet, in dem sich die Natur – ungestört von menschlichem Eingriff – entwickeln soll. Dazu gehören in Südost-Rügen nur die Insel Vilm, die Nordküste der Granitz sowie der äußerste Teil des Zickerschen Hövts auf dem Mönchgut. Die **Schutzzone II** ist die Pflegezone, die zudem als Naturschutzgebiet ausgewiesen ist und den Wreechensee, die Goor bei Lauterbach, die Granitz, den Neuensiener und den Selliner See, die Having mit den Küsten von Neu- und Alt Reddevitz, das Nordperd sowie den gesamten Süden des Mönchguts umfasst. Die übrigen Gebiete mit den Verkehrs- und Siedlungsflächen gehören zur **Schutzzone III**, die als Landschaftsschutzgebiet und Entwicklungsbereich ausgewiesen ist. Hier wird das harmonische Miteinander von Mensch und Natur, Ökologie und Ökonomie angestrebt. **Infos:** Tel. 03 83 03/885 17, www.biosphaerenreservat-suedostruegen.de

Restaurants

Binnen & Buten, Dorfstr. 8, Seedorf, Tel. 03 83 03/874 36 Kleines uriges Fischlokal direkt am Seedorfer Hafen.

Moritzburg, Moritzdorf, Tel. 03 83 03/9 58 84. Von der Terrasse des Ausflugslokals, 200 Stufen oberhalb von Moritzdorf, blickt man über die Having und das Mönchgut; Kuchen aus eigener Bäckerei, am Wochenende Wildschwein oder Spanferkel (Nov.–März geschl.).

Wizlaw, Seedorf 10, Tel. 03 83 03/872 27. Von der Terrasse dieser Fischgaststätte bietet sich ein herrlicher Blick auf den Neuensiener See und die Granitz.

14 Ostseebad Sellin

Traditionsreicher Urlaubsort mit viel Flair und eleganter Seebrücke.

Umrahmt vom Wald der Granitz liegt der Badeort Sellin an der offenen Ostseeküste. Von der Durchgangsstraße aus zieht sich die Ortschaft bergauf bis auf die Klippen des **Steilufers**, die fast senkrecht über dem breiten Strand aufragen. Ein Aufzug und eine lange Treppe führen von oben steil hinab zum Meer, zum Strand und zur **Seebrücke**. Die erste, fast 500 m lange Seebrücke entstand 1906, wurde jedoch mehrmals von Sturmfluten und Packeis zerstört, sodass sie immer wieder erneuert werden musste. 1978 riss man die nach der letzten schweren Beschädigung verbliebenen Reste der Anlage ab. Der Grundstein für einen Neubau nach altem Vorbild wurde erst im Jahr 1992 gelegt. 1998 wurde er mitsamt dem Seebrückenhaus, in dem ein Café und ein Restaurant eingerichtet sind, fertig gestellt. Mit 394 m Länge ist sie heute die längste Seebrücke Rügens.

In der traditionsreichen, denkmalgeschützten **Wilhelmstraße** von Sellin reihen sich die stolzen weißen Villen im pittoresken Stil der Bäderarchitektur aneinander. Hier liegen die meisten Hotels, Pensionen, Geschäfte und Lokale, hier befindet sich auch das Ladenlokal des Goldschmiedemeisters, der ein kleines **Bernsteinmuseum** (Granitzer Str. 43/Ecke Wilhelmstr., Tel. 03 83 03/872 79, Mo–Fr 10–12 und 14–17 Uhr, Sa 10–12 Uhr) eingerichtet hat. Der größte Bernstein seiner Sammlung wiegt immerhin 1,7 kg.

Im alten Feuerwehrgebäude präsentiert die **Galerie Hartwich** (Schulstr. 5, Tel. 03 83 03/867 25, www.galerie-hartwich.de, Do–Sa 15–19 Uhr) aktuelle Künstler aus Nordeuropa.

Der **Selliner Strand** endet am Quitzlaser Ort genannten Felsvorsprung. Südlich des Kliffs beginnt dann der **Südstrand**, der sich bis zu den Ostseebädern Baabe und Göhren hinzieht. Im Südosten grenzt

Die nostalgischen Bäderstilvillen der Selliner Wilhelmstraße verströmen noch das elegante Flair des Badelebens an der Wende vom 19. zum 20. Jh.

Heute steht in Sellin die längste und – wie die abendliche Illumination eindrucksvoll unterstreicht – wohl auch die schönste Seebrücke Rügens

Sellin an den Selliner See und dort gibt es auch einen kleinen Hafen, das **Bollwerk Sellin**. In der Nachbarschaft befindet sich ein großer Ferienpark, der Seepark Sellin, und das Erlebnisbad **Inselparadies** (Seepark, Tel. 383 03/12 30, www.inselparadies.de, tgl. 10–22 Uhr) mit Saunalandschaft und einer über 100 m langen Wasserrutsche. Von dort weisen Schilder zum legendären **Cliff-Hotel**, (s. u.) heute eines der teuersten Luxushotels auf Rügen. Die Einheimischen wissen davon zu berichten, wie es hier zu DDR Zeiten war: dass sie als normal Sterbliche nie auch nur in die Nähe durften, dass da wohl an nichts gespart wurde und wie im Sommer die großen Autos die Straße hinter der Siedlung am Wald hinaufrauschten und niemand wusste, wer darin saß. Als früheres *Luxushotel des Staatsrats* sind die Betonbauten auf dem Hochufer über der Ostsee im Süden Sellins durchaus einen Besuch wert. Die gediegene Hotelhalle, der Aufzug in den Grünanlagen hinunter zum Strand und das Hallenbad atmen Klasse. Auch heute noch.

i Praktische Hinweise

Information

Kurverwaltung, Warmbadstraße 4, Sellin, Tel. 03 83 03/16 16, Fax 03 83 03/162 00, www.ostseebad-sellin.de

Tourist-Information, August-Bebel-Str. 5, Sellin, Tel. 03 83 03/870 06, Fax 03 83 03/860 75

Einkaufen

Zum Katen, Granitzer Str. 11 a, Sellin, Tel. 03 83 03/8 66 89. Keramik aus eigener Werkstatt, Bernsteinschmuck und Handwebwaren der Insel bieten sich als Souvenirs an.

Hotels

Cliff-Hotel, Siedlung am Wald, Sellin, Tel. 08 00/254 33 46, Fax 038 303/84 95, www.cliff-hotel.de. Fünf-Sterne-Luxushotel, dessen Baukörper Mies van der Rohe zitiert. Mit Wellnessbereich.

Haus Arkona, Wilhelmstr. 8, Tel. Sellin, Tel. 03 83 03/871 50, Fax 03 83 03/87 15 55 , www.haus-arkona.de. Familienfreundliche Bädervilla mit 23 Apartments samt Balkonen und Veranden, Sauna und Spielplatz.

Hotel Bernstein, Am Hochufer 8, Sellin, Tel. 03 83 03/17 17, Fax 03 83 03/17 18, www.hotel-bernstein.de. Zwei Minuten vom Strand entferntes modernes Hotel mit Blick auf die Prorer Wiek. Sauna, Solarium und Dampfbad im Haus.

Tatjana, Wilhelmstr. 28, Sellin, Tel. 03 83 03/14 50, Fax 03 83 03/856 93, www.pension-tatjana.de. Bädervilla mit individuell und künstlerisch ausgestatteten Räumen sowie Dachterrasse, Sauna und Liegewiese im Garten. Im Restaurant *Tschai Kowski* werden russische Spezialitäten serviert, man kann auch russische Souvenirs erwerben.

Villa Subklew, Warmbadstr. 1, Sellin, Tel. 03 83 03/859 87, Fax 03 83 03/873 42, www.villa-subklew.de. Hotel in Strandnähe mit komfortablen Zimmern und Suiten. Gemütliches Restaurant mit Fischer- und Schwarzbierstube im Haus.

Wiking Hall, Granitzer Str. 36, Sellin, Tel. 03 83 03/876 12, Fax 03 83 03/929 82, www.wiking-hall.de. Moderne Ferienwohnungen bietet die Jugendstilvilla in ruhiger Straße, etwa 400 m vom Strand entfernt.

Restaurants

Kleinbahnhof Restaurant, an der B 196, Tel. 03 83 03/879 71. Originelles Lokal mit regionalen und internationalen Spezialitäten im alten Bahnhofsgebäude des ›Rasenden Rolands‹.

Palmengarten, Seebrücke, Sellin, Tel. 03 83 03/82 93. Café und Restaurant im mediterranen Stil auf zwei Ebenen im Seebrückenhaus mit Terrasse. Zur delikaten Küche gehört vor allem frischer Fisch. Die gleiche Speisekarte bietet auch das Restaurant *Kaisergarten* im gegenüberliegenden Pavillon der Seebrücke, das den Flair der Goldenen Zwanzigerjahre verströmt.

Petri, Ostbahnstr. 5, Sellin, Tel. 03 83 03/89 10. Das Restaurant mit zünftiger Kapitänsschenke, Bar und Terrasse in einer Bäderstilvilla verfügt über eine abwechslungsreiche Fischkarte.

Schier endlos reihen sich am breiten Baaber Strand die fröhlich gestreiften Strandkörbe aneinander ▷

Zum Skipper, Wilhelmstr. 31, Sellin, Tel. 03 83 03/907 40. Hübsch mit maritimen Accessoires dekoriertes Restaurant und Bistro.

15 Ostseebad Baabe

Das kleinste der Ostseebäder lockt mit dem breitesten Strand.

Bis 1899 die Bahntrasse des ›Rasenden Rolands‹ in der Nähe vorbeigeführt wurde, war Baabe ein Fischerdorf. Im Zuge des Bädertourismus entstanden dann aber Hotels und Pensionen und so ist die Bahnlinie inzwischen in den Ort ›eingewachsen‹. Das kleine Baabe (770 Einw.) blieb jedoch stets im Schatten der Seebäder Binz, Göhren und Sellin.

Auf beiden Seiten in Wald eingebettet, ist es ein stiller weitläufiger Ort, dessen Reiz in der schönen Lage zwischen Selli-

ner See, Baaber Heide und Strand besteht. Er hat eine neu gebaute *Strandpromenade* und einen besonders großen schönen **Strand**, der recht flach ins Meer abfällt und daher für Familien mit Kleinkindern besonders attraktiv ist. An der breiten Strandstraße, die senkrecht auf das Ufer zuläuft, stehen einige wenige alte und eine ganze Reihe neuer Häuser, ein paar Geschäfte und – in einer Parkanlage – die weiße, in den 1930er-Jahren erbaute Kirche. Am südwestlichen Ortsrand liegt das **Bollwerk** an der Baaber Beek, wo sich auch eine Anlegestelle für Ausflugsboote und den Ruderbootverkehr nach Moritzdorf befinden.

An der Bollwerkstraße bilden einige Kutter ein kleines **Küstenfischermuseum** (Bollwerkstr./Dorfstr., Tel. 03 83 08/14 20, www.moenchguter-museen-ruegen.de, April–Sept. tgl. 9–20 Uhr, Okt.–März Mo–Fr 10–16 Uhr), das auf die Produktionsmittel der Fischer aufmerksam machen will.

Zwischen den beiden Seebädern Baabe und Göhren erstreckt sich ein Forst, der vom Ostseeufer bis zur Boddenküste reicht, die **Baaber Heide**. Am südwestlichen Rand liegt das sog. **Herzogsgrab**, ein etwa 4500 Jahre altes Hünengrab, dessen Kammer von neun Findlingen umgeben ist. Bei der Entdeckung 1920 fand man neben wertvollen Grabbeigaben auch Reste von 40 Skeletten.

ℹ️ Praktische Hinweise

Information

Kurverwaltung Baabe, Fritz-Worm-Str. 1, Baabe, Tel. 03 83 03/14 21 42, Fax 03 83 03/ 142 99, www.baabe.de

Schiff

MS Lamara, Tel. 03 83 03/90 99 51, Mobil 01 60/96 67 78 99, www.ms-lamara.de. Rundfahrt ab Baaber Bollwerk durch das Biosphärenreservat Südost-Rügen um

die Insel Vilm auf einem Schiff der 1950er-Jahre (Mai–Sept. tgl 11 und 14 Uhr, Juli/Aug. auch 18 Uhr, Dauer 2 Std.).

Hotels

Am Meer, Pension garni, Strandstr. 40, Baabe, Tel. 03 83 03/13 30, Fax 03 83 03/133 49, www.am-meer-ruegen.de. Restauriertes Gebäude von 1930 an der Strandpromenade mit komfortablen, freundlichen Zimmern, Bar und Grillplatz.

Strandhotel Baabe, Strandstr. 24–26, Baabe, Tel. 03 83 03/150, Fax 03 83 03/151 50, www.strandhotel-ruegen.de. Apartmentanlage an der Flaniermeile von Baabe, 200 m vom Strand entfernt, mit Sauna, Solarium und Fahrradverleih.

Villa Fröhlich, Göhrener Weg 2, Baabe, Tel. 03 83 03/861 91, Fax 03 83 03/861 90, www.villa-froehlich.de. Gut ausgestattete Bäderstilvilla im Zentrum. Das hauseigene Spezialitätenrestaurant *Gaude Stuv* serviert täglich frischen Fisch und Wild. Fahrräder können gemietet werden.

Villa Granitz, Birkenallee 17, Baabe, Tel. 03 83 03/14 10, Fax 03 83 03/141 44, www.villa-granitz.de. Luxuriöses Hotel im historischen Bäderstil. Zimmer und Apartments mit Balkonen. Mit hübschem Wintergarten.

Restaurants

Aalkate, Am Aalkaten 14, Baabe, Tel. 03 83 03/854 06, www.aalkate-baabe.de. Der Familienbetrieb bietet frischen Räucherfisch, ab 17 Uhr warme Speisen.

Gaststätte zum Fischer, Bollwerkstr. 6, Baabe, Tel. 03 83 03/864 28. Da kehrt man gerne ein: Das recht einfache kleine, von einem Fischer geführte Lokal mit schöner Terrasse serviert schmackhafte Fischgerichte.

16 Ostseebad Göhren

Fröhlicher Badeort mit zwei Stränden und sehenswerten Museen.

In Göhren (1300 Einw.), dem größten Ort der Halbinsel **Mönchgut**, beginnt die *Deutsche Alleenstraße*, die quer durch Rügen und dann durch ganz Deutschland bis zum Bodensee verläuft. Das *Nordperd*, eine weit in die Ostsee hinausragende, bewaldete Landnase mit steilen Kliffs, beschert dem Ort einen Nord- und einen Südstrand, die insgesamt etwa 7 km lang sind.

Bis zum Beginn der Ostseebädermode wurde Göhren von Fischern und Lotsen

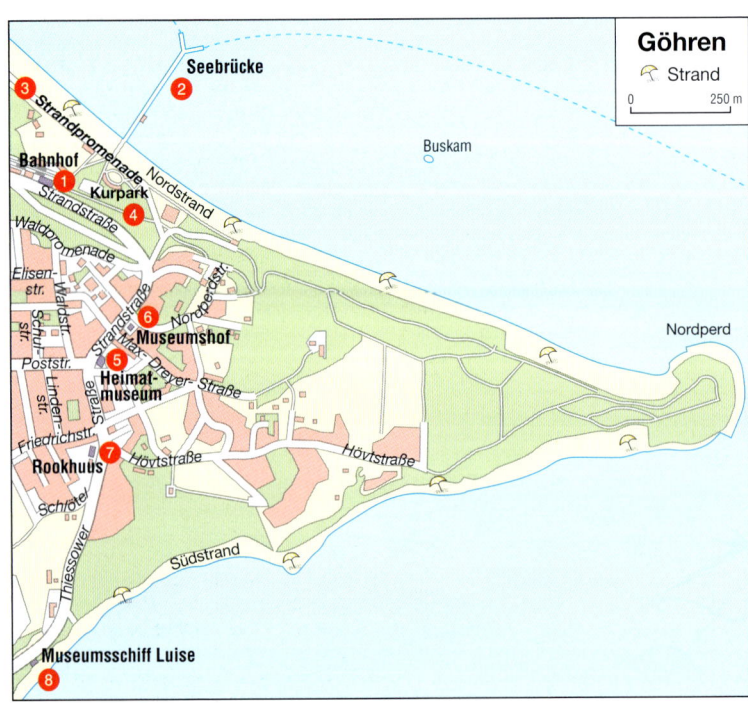

Für das Mönchgut typisch ist diese rohrgedeckte Göhrener Bauernkate, die heute das Heimatmuseum beherbergt, eine Abteilung des Mönchguter Museums

bewohnt. Der Ort nannte sich zwar schon 1878 Ostseebad, doch setzte der richtige Bädertourismusboom erst mit der erweiterten Streckenführung der *Rügenschen Kleinbahn* 1899 ein. Der **Bahnhof** ❶ befindet sich hinter dem Kurpark am Waldrand.

Göhrens legendäre, über 1000 m lange Landungsbrücke von 1909 am Südstrand wurde im Winter 1924 durch Eisschollen zerstört. Die neue, nur 280 m lange **Seebrücke** ❷ wurde 1992 am gepflegten, beliebten *Nordstrand* angelegt. Hier befinden sich auch die belebte **Strandpromenade** ❸ sowie der hübsche **Kurpark** ❹ mit seiner Konzertmuschel, die zu musikalischen Darbietungen einlädt. Etwa 300 m vor dem Nordstrand schaut der größte Findling Rügens aus dem Wasser, der **Buskam**, slawisch für *Gottesstein*, der ca. 1600 t wiegt und auf dessen glatter Oberfläche 25 Personen Platz hätten. Ruhiger und weniger besucht als der Küstensaum im Norden ist der Südstrand, er wird erst noch ausgebaut.

Der Ortskern ist besonders attraktiv. Die Thiessower-, die Post- und die Strandstraße, an denen sich die weißen Villen der 1920er-Jahre aneinander reihen, schlängeln sich über den Hügel, der sanft zum Nordperd ansteigt. An der Strand- und der Thiessower Straße sind in denkmalgeschützten Gebäuden drei Abteilungen des **Mönchguter Museums** untergebracht, das die traditionelle Lebens- und Arbeitsweise der einheimischen Bevölkerung dokumentiert: Das **Heimatmuseum** ❺ (Strandstr. 1, Tel. 03 83 08/256 27, www.moenchguter-museen-ruegen.de, Mitte April–Juni und Sept.–Mitte Okt. tgl. 10–17 Uhr, Juli, Aug. tgl. 10–18, Mitte Okt.–Mitte April tgl. 10–16 Uhr) informiert mit zahlreichen Exponaten u. a. über die frühe Besiedlungsgeschichte des Mönchguts sowie die Entwicklung Göhrens zum Seebad und zeigt traditionelle Trachten und Möbel der Mönchguter. Es befindet sich in einem Rohrdachhaus aus der ersten Hälfte des 19. Jh. im Ortskern. Daneben liegt der **Museumshof** ❻ (Strandstr. 4, Tel. 03 83 08/21 75, Mitte April–Juni und Sept.–Mitte Okt. tgl. 10–17 Uhr, Juli, Aug. tgl. 10–18, Mitte Okt.–Mitte April Mo–Fr 10–16 Uhr), eine zwischen dem 17. und 19. Jh. entstandene typische Hofanlage. Hier sind allerlei interessante bäuerliche und handwerkliche Gerätschaften ausgestellt. Ein kleines Stück entfernt an der Ecke Thiessower-/Friedrichstraße befindet sich

TOP TIPP

Nicht nur Familien, auch Teenager schätzen den gepflegten Nordstrand von Göhren

das **Rookhuus** 7 (Thiessower Str. 7, Tel. 03 83 08/21 75, Mitte April–Mitte Okt. tgl. 14–17 Uhr), ein typisches Rügener Hallenhaus ohne Schornstein aus dem frühen 18. Jh. Der Rauch zog vom Herd über sog. Uhlenlöcher unter dem schmalen First ab. Im Rookhuus wird das Leben der Kleinbauern und Fischer erfahrbar, die mit ihren Nutztieren unter einem Dach lebten. Schließlich gehört noch das **Museumsschiff Luise** 8 (Am Südstrand 1 a, Tel. 03 83 08/21 75, Mitte April–Juni und Sept.–Mitte Okt. tgl. 10–13 Uhr, Juli/Aug. 10–17 Uhr) zum Mönchguter Museumskomplex. Das 1906 in den Niederlanden gebaute typische Küstenfrachtschiff mit Plattboden, das auch in den seichten Boddengewässern fahren konnte, wurde 1977 aus dem Verkehr gezogen und liegt heute am Südstrand auf dem Trockenen. Im Schiffsbauch liefern Sextanten, Seekarten und Werkzeuge der Schiffer eindrucksvolle Einblicke in das Leben an Bord.

i Praktische Hinweise

Information
Kurverwaltung Göhren, Poststr. 9, Tel. 03 83 08/667 90, Fax 03 83 08/66 79 32, www.goehren-ruegen.de

Nachtleben
Globetrotter, Katharinenstr. 5, Göhren, Tel. 03 83 08/254 14. Eine der besten Cocktailbars von Rügen.

Camping
Regenbogencamp Göhren, An der Kleinbahn, Tel. 03 83 08/901 20, Fax 03 83 08/21 23, www.regenbogen-camp.de. Anlage hinter den Dünen im Kiefernwald am Nordstrand, umfangreiches Freizeitangebot.

Hotels
Akzent Waldhotel, Waldstr. 7, Göhren, Tel. 03 83 08/505 00, Fax 03 83 08/253 80, www.waldhotelgoehren.de. Der große Hotelkomplex, ruhig in Wald- und Strandnähe gelegen, besteht aus mehreren Häusern unterschiedlichen Stils und dem Restaurant *Friesenstube*. Hallen- und Dampfbad, Sauna, Fitnessraum und Fahrradverleih.

Haus Borgwardt, Wilhelmstr. 8, Göhren, Tel. 03 55/499 39 07, Fax 03 55/499 39 08, www.ferien-auf-ruegen.de. Kleine Pension, die um 1900 als eines der ersten Häuser im Bäderstil erbaut wurde. Zentrale Lage mit Abgang zum Nordstrand.

Mönchgut, Friedrichstr. 15, Göhren, Tel. 03 83 08/910 34, Fax 03 83 08/254 44, www.pension-moenchgut.de. Zentral und ruhig liegt die älteste Pension von Göhren mit ihren gemütlichen Zimmern. Sauna, hauseigene Fischräucherei.

Villa Erika, Waldstr. 8, Göhren, Tel. 03 83 08/22 01, www.villa-erika-goehren.de. Schönes Haus im Stil der Bäderarchitektur. Garten mit Liegewiese und Grillplatz sowie Zugang zum Strand.

Villa Speranza, Gartenweg 1, Göhren, Tel. 03 83 08/256 79, im Winter Tel. 023 33/741 66, www.villa-speranza.de. Hinreißendes Haus im Bäderstil in einer ruhigen Seitenstraße oberhalb des Strandes.

Restaurant

Robinson jr., Nordstrand 1, Göhren, Tel. 03 83 08/2 50 97, www.robinson-jr.de. Beliebte Kneipe in ehem. Bootshaus, die auch vegetarische Gerichte anbietet. Am Wochenende Livemusik.

17 Middelhagen

Zentrum des Mönchguts, umgeben von Rohrdachdörfern, seichten Buchten und dem Meer.

Wenngleich Göhren heute der belebtere und größere Ort ist, gilt Middelhagen mit seinen rund 500 Einwohnern nach wie vor als Hauptort des **Mönchguts**. An der Kreuzung, von der die Straßen zum Süd-perd und auf die Halbinsel Reddevitz abgehen, liegt das Zentrum mit den wichtigsten Gebäuden: der Kirche, dem Gasthof, der alten Schule und der Töpferei. Das Schulhaus wurde 1825 erbaut und beherbergte rund 150 Jahre die einklassige Dorfschule, bevor es 1986 zum **Schulmuseum** (Dorfstraße, Tel. 03 83 08/21 53, www.moenchguter-museen-ruegen.de, Juni–Aug. tgl. 10–18 Uhr, Mai, Sept. tgl. 10–17 Uhr, April, Okt Di–So 10–16 Uhr) umfunktioniert wurde. In dem rohrgedeckten Fachwerkhaus befindet sich neben der Schulstube mit alten Schulbänken, Schrift- und Bildtafeln die Wohnung des Küsters, der gleichzeitig Kantor und Lehrer war.

Die Geschichte der **Kirche** ist auch die Geschichte des Dorfes und des Mönchguts. 1252 erwarb das Kloster Eldena bei Greifswald das sog. Land *Reddevitz*, das fast 300 Jahre lang ›der monneken gode‹ blieb, um einen Klosterhof zu errichten. Im 14. Jh. entstand dort das neue Dorf Hagen und in dessen mittlerem Ortsteil Middelhagen eine *Kapelle*. Sie bildete später den Chorraum der 1430 erbauten

Im Mittelalter waren Zisterziensermönche hier gern zu Gast – beliebt blieb der rustikale Landgasthof zur Linde in Middelhagen bis heute

Sozialeinrichtung früherer Tage – das um 1720 errichtete Pfarrwitwenhaus in Groß Zicker dient nun neben sozialen auch kulturellen Zwecken

Kirche **St. Katharina**. 1630 verpfändete der Schwedenkönig Gustav II. Adolf das Mönchgut an die Stadt Stralsund, die die Middelhagener Kirche mit einem ihrer ›ausgedienten‹ gotischen Altäre bedachte, dem wunderschönen geschnitzten *Katharinenaltar* von 1480. Um die Figur der hl. Katharina sind vier Apostelfiguren und in vier Szenen das Martyrium der Heiligen dargestellt.

Vom Zentrum Middelhagens aus ist es kaum 1 km bis ans Ufer der weit ins Land hineinreichenden *Hagenschen Wiek*. Dort schließen sich die Ortsteile **Kleinhagen**, **Mariendorf** und **Alt Reddevitz** an, uralte Siedlungen des Mönchguts mit hübschen rohrgedeckten Häusern, die inmitten von liebevoll angelegten bunten Bauerngärten liegen.

Westlich von Alt Reddevitz führt ein schöner Weg zum **Reddevitzer Höft**, der längsten und schmalsten Halbinsel Rügens. An der Spitze der meerumspülten Landzunge, die sich 4 km in den Greifswalder Bodden hinein erstreckt, bieten sich reizvolle Blicke auf die Having, die Hagensche Wiek und das Mönchgut.

ℹ️ Praktische Hinweise

Information

Kurverwaltung Middelhagen, Dorfstr. 4, Middelhagen, Tel. 03 83 08/21 53, Fax 03 83 08/21 54, www.middelhagen.de

Einkaufen

Mönchgut-Keramik – Töpferei & Galerie Thom Wilcke, Dorfstr. 18 b, Middelhagen, Tel. 03 83 08/252 27. Traditionelle weiß-blaue Keramik wird hier gefertigt.

Hotels

Schwanensee, An der alten Försterei 8, Middelhagen, Tel. 03 83 08/910 68, Fax 03 83 08/22 11, www.pension-schwanensee.de. Pension in ruhig gelegenem Rohrdachhaus in der Nähe von Göhren.

Up'n Hoff, Dorfstr. 7, Middelhagen, Tel. 03 83 08/54 80, Fax 03 83 08/548 22, www.ruegen-rohrhus.de. Familiäre Pension in einem Rohrdachhaus. Gute Hausmannskost, Sauna, Solarium und Fahrradverleih.

Restaurants

Café Oase, Alt Reddevitz 1, Middelhagen, Tel. 03 83 08/254 27. Das Lokal am Strand mit sehr schöner Terrasse bietet neben deftiger Hausmannskost auch selbst gebackenen Kuchen.

Fischgaststätte Seeblick, Alt Reddevitz 25, Middelhagen, Tel. 03 83 08/259 73. Restaurant mit Terrasse zur Hagenschen Wiek. Regionale Küche und fangfrischer Fisch.

Kliesows Reuse, Alt Reddevitz 23a, Tel. 03 83 08/21 71. In der rustikalen alten

Scheune eines Bauernhofs eingerichtetes Lokal mit eigener Brauerei. Frischen Fisch und traditionelle Gerichte nach Mönchguter Art kann man sich hier hervorragend schmecken lassen.

18 Lobbe und Zickersches Höft

Das südliche Mönchgut – eine Oase der Ruhe abseits der großen Badeorte.

Südlich von Middelhagen durchquert die Straße nach Thiessow den sumpfigen, niedrig gelegenen Bereich um die Hagensche Wiek, führt vorbei am *Großen Lobber See* und erreicht bei **Lobbe** das Ostseeufer. In Lobbe befindet sich der traditionelle *Fischerstrand*, an dem die Fischerboote auf den Sand gezogen liegen. Lobbe selbst ist heute eine kleine Ansiedlung von Ferienhäusern und Pensionen mit einigen empfehlenswerten Fischlokalen. Das Kliff am *Lobber Ort* bildet die Grenze zwischen dem Südstrand von Göhren und dem Großen Strand, der bei Lobbe beginnt und bis Thiessow reicht.

Etwa 2 km südlich von Lobbe zweigt nach Westen die Straße zum **Zickerschen Höft** ab, die 1,5 km breite und etwa 4 km lange Halbinsel, an deren Nordufer Gager und Südufer Groß Zicker liegen. Die beiden Dörfer trennt der 66 m hohe bewaldete **Bakenberg**. Die westliche Hälfte der Halbinsel gehört zur Kernzone des Biosphärenreservats Südost-Rügen [s. S. 51]. Grasbewachsene Hügel, auch die ›Zickerschen Alpen‹ genannt, und eine Steilküste mit Weißdorn, Ebereschen und Wildbirnen bilden eine harmonische Landschaft. Auf dem Steilküstenweg ist wegen der sandigen Auf- und Abstiege festes Schuhwerk anzuraten. Der breite *Weststrand* ist am besten von Groß Zicker aus zu erreichen. Die Dorfstraße verlängert sich zu einem Wanderweg, der nach etwa 2 km in ein Kerbtal am sog. Nonnenloch bis zum Strand führt.

Wie auch Gager besteht **Groß Zicker** aus zwei Häuserzeilen entlang der Dorfstraßen mit den romantischsten und am liebevollsten gepflegten Häusern ganz Rügens: rohrgedeckt, mit farbigen alten Holztüren und bunten Blumengärten.

In Groß Zicker ist vor allem das um 1720 erbaute **Pfarrwitwenhaus** (Ostern–Okt. Mo–Sa 10–18, So 13–18 Uhr, Winter geschl.)

sehenswert. Dieses niederdeutsche Hallenhaus ohne Schornstein ist eines der ältesten Rauchhäuser auf Rügen. Es war früher eine Sozialeinrichtung für die mittellosen Witwen der Dorfpfarrer. Heute wird das Haus als Begegnungsstätte, Museum und Galerie genutzt. Die **Backsteinkirche** von Groß Zicker wurde erstmals 1360 urkundlich erwähnt. Im Inneren sind der Sakramentsschrein und das Kruzifix aus dem 15. Jh. sowie die Buntglasscheiben der Chorfenster aus der Zeit um 1600 beachtenswert. Die schöne barocke Schnitzkanzel wurde um 1650 eingebaut. Auf dem Kirchfriedhof sind mehrere Dutzend Grabwangen aus dem 18. Jh. zu sehen.

Groß Zicker und Gager haben beide Fischerhäfen, in Groß Zicker gibt es dort Räucherfisch und einen Bootsverleih, in Gager ebenfalls einen Fischverkauf (Fischereigenossenschaft) und einen Campingplatz.

ℹ Praktische Hinweise

Information

Kurverwaltung Gager, Zum Höft 15 a, Gager, Tel. 03 83 08/82 10, Fax 03 83 08/302 13, www.gager.de

Schiff

Boddenreederei Rügen Sven Klinghöfer e.K., Zum Höft 10, Gager, Tel. 03 83 08/83 89, www.boddenreederei-ruegen.de. Ausflüge nach Peenemünde und über den Bodden.

Camping

Campingplatz Gager, Zum Höft 15 a, Gager, Tel./Fax (Sommer) 03 83 08/301 99, (Winter) 03 49 04/207 35, Fax 03 49 04/221 16. Rasenplatz in ruhiger Lage an der Hagenschen Wiek. 150 m zum Hafen, 2 km zur Ostsee.

Freizeit-Oase Rügen, Dorfstr. 32 a, Lobbe, Tel. 03 83 08/23 14, Fax 03 83 08/251 27. Anlage auf beiden Seiten der Durchgangsstraße hinter der Düne des breiten Strandes. Gute Ausstattung und großes Freizeitangebot.

Hotels

Am Hafen, Zum Höft 29 a, Gager, Tel. 03 83 08/301 60, Fax 03 83 08/305 96. Rohrgedecktes Feriendomizil mit schönem Blick. Fahrrad- und Bootsverleih.

Boddenblick, Boddenstr. 16, Groß Zicker, Tel. 03 83 08/34 00 30, Fax 03 83 08/

34 00 34, www.boddenblick.m-vp.de.
Bei der Kirche gelegenes Landhotel mit
gediegenen Zimmern. Gutes Restaurant
mit Fischspezialitäten.

Feriendorf Groß Zicker, Boddenstr. 4f,
Groß Zicker, Tel. 03 83 08/566 10, Fax
03 83 08/566 55, www.ts-n.de. Elf Häuser
mit komfortablen Ferienwohnungen am
Rand von Groß Zicker, etwa 400 m vom
Ostseestrand entfernt.

Strand-Hotel Lobbe, Lobbe 22, Lobbe,
Tel. 03 83 08/22 27, Fax 03 83 08/252 09,
www.strandhotel-lobbe.de. Kleines Haus
mit familiärer Atmosphäre, das Restaurant bietet bodenständige Küche.

Restaurant

Alte Bootswerft, Tel. 03 83 08/664 70, Am
Hafen, Gager. Frisch zubereiter Lachs
in vielen Variationen, mit schöner Terras-

*Ein ideales Fleckchen für Erholungssuchende – die Mönchgut-Landschaft um die Bucht
Zickersee bei Groß Zicker scheint friedlich und idyllisch*

se am Wasser. Teil der Lachsmanufaktur Port Gager (www.portgager.de).

Zum Walfisch, Dorfstr. 32, Lobbe, Tel. 03 83 08/2 54 67, www.walfisch-ruegen.de. Rustikale Gaststube und Terrasse hinter dem Deich. Angeboten werden traditionelle Gerichte, vor allem Fischspezialitäten. Eine Pension ist angeschlossen.

19 Ostseebad Thiessow

Idyllisch gelegenes Ostseebad – ein Ort für Naturfreunde.

Thiessow (rund 400 Einw.) ist ein ruhiger Badeort, umgeben von Dünen und Kiefernwald, Sumpfwiesen und langen Stränden. Naturliebhaber finden hier selbst in der Hochsaison einsame Wege und stille Buchten, in denen man ganz ungestört Enten und Wasservögel beobachten kann.

Seit 1360 ist die kleine Ansiedlung am südlichsten Ende des Mönchguts bekannt. Das ursprüngliche Fischerdorf wurde nach der Einführung der Lotsenpflicht 1632 Standort der Seelotsen, die in den Greifswalder Bodden einlaufende Schiffe nach Greifswald oder Stralsund brachten. An ihre Arbeit erinnert das **Lotsenmuseum** (Hauptstr. 36, Tel. 03 83 08/82 80, Mai–Mitte Sept. tgl. 9–18 Uhr, Mitte Sept.–April Mi–Mo 9–12, Di 9–18 Uhr) im Haus des Gastes mit zahlreichen Navigationsinstrumenten und der originalen Lotsenglocke.

Im Südosten endet die Landzunge von Thiessow im **Südperd** mit dem 35 m hohen **Lotsenberg**, von dem die Lotsen den Blick über den gesamten Bodden schweifen lassen konnten. Senkrecht darunter liegt der **Große Strand**, ein 5 km langes feinsandiges Badeparadies mit flachem, kinderfreundlichen Uferbereich, das sich von Thiessow bis nach Lobbe hinzieht.

Südlich schließt der **Südstrand** an, der zwar besonders feinen Sand und schöne Dünenvegetation hat, aber vor dem sich auch verschiedene Meeresströmungen kreuzen, sodass er bei unruhiger See für Schwimmer gefährlich ist. Der **Hafen** von Thiessow befindet sich aufgrund dieser ungünstigen Bedingungen auch in einiger Entfernung vom Ort an der Boddenküste.

Westlich davon liegt, durch eine kurze Nehrung verbunden, die fast runde kleine Halbinsel von **Klein Zicker**. Diese 38 ha große Landzunge war bis ins Jahr 1991 in

Händen der Sowjetischen Armee, die hier eine wahre Kraterlandschaft zurückließ. Heute ist das Areal vollständig renaturiert, mit Wanderwegen und einer Treppe zum Strand als Erholungsgebiet erschlossen. Der schmale Süd- und Weststrand der Nehrung werden wegen des steten Windes von *Surfern* geschätzt.

ℹ Praktische Hinweise

Information

Kurverwaltung Thiessow, Hauptstr. 36, Thiessow, Tel. 03 83 08/82 80, Fax 03 83 08/301 91, www.ostseebad-thiessow.de

Camping

Camping-Oase Thiessow, Hauptstr. 4, Thiessow, Tel. 03 83 08/82 26, Fax 03 83 08/87 97, www.jebensnet.de. Lang gestreckter Platz an der Straße hinter dem Dünenwald des Großen Strandes. Vielseitiges Freizeitangebot, u. a. bietet eine Surfschule ihre Dienste an.

Hotels

Godewind, De niege Wech 7, Thiessow, Tel. 03 83 08/34 20, Fax 03 83 08/342 20, www.godewind-thiessow.de. Modernes, komfortables Familienhotel, das auch Apartments anbietet. Ein gemütliches Restaurant mit Kamin und Terrasse gehört dazu. Dort werden regionale Spezialitäten, z.T. aus Zutaten frisch vom Biohof, angeboten. Sauna, Fitnessbereich und Fahrradverleih.

Wahnfried, Hauptstr. 9, Thiessow, Tel. 03 83 08/82 16, Fax 03 83 08/309 12. Kleine heimelige Pension im Zentrum.

Restaurants

Café Zollhaus, Dörpstrat 9, Klein Zicker, Tel. 03 83 08/83 12. Es gibt nicht nur Kaffee und Kuchen, sondern auch bodenständige warme Gerichte und einen Blick auf den Bodden.

Fischrestaurant zum Hafen, Dampferweg, Thiessow, Tel. 03 83 08/300 01. Fangfrischer Fisch direkt vom Kutter.

Strandcafé, Strandpromenade 1, Thiessow, Tel. 03 83 08/83 45. Lokal mit Terrasse und Blick auf die Ostsee. Zubereitet wird u. a. fangfrischer Ostseefisch auf gutbürgerliche Art.

Zum Südperd, Strandstr. 28, Thiessow, Tel. 03 83 08/309 08. Familienbetrieb, der schmackhafte Fisch-, Fleisch- und Wildgerichte sowie selbst gebackenen Kuchen serviert.

Jasmund – die windumtoste Schöne

Zwei schmale Nehrungen halten die Halbinsel Jasmund im Nordosten Rügens an der Insel fest: die Schmale Heide und die Schaabe. Die dritte Verbindung zum Festland ist der 1868 gebaute Lietzower Damm, der den Kleinen Jasmunder Bodden vom Großen Jasmunder Bodden trennt. Wie eine schiefe Ebene steigt die Halbinsel mit ihrem Hauptort, der Hafenstadt **Sassnitz**, von den seichten Boddenküsten und den Nehrungen bis zum Plateau im äußersten Nordosten an, wo sie jäh abbricht und an den malerischen Kreidefelsen der **Stubbenkammer** schroff ins Meer fällt. Etwa ein Drittel der Halbinsel wird vom **Nationalpark Jasmund** und seinem großen stillen Buchenwald eingenommen. Der Nordwesten dagegen besteht aus pittoresken Dörfern an der ständig windigen Steilküste. Im südlichen Teil der Halbinsel faszinieren die ausgedehnten Feuersteinfelder bei **Neu Mukran**.

20 Sassnitz

Liebenswerter Fischer- und Fährort mit attraktiver Altstadt und Hafenflair.

In Kontrast zu den lieblichen Seebädern im Südosten der Insel präsentiert sich

◁ *Spektakuläre Ausblicke bietet die steil emporragende Jasmunder Kreideküste, hier am Kollicker Ort zwischen Ernst-Moritz-Arndt- und Viktoria-Sicht*

Sassnitz als herbe Hafenstadt und Fischersiedlung, mit lang gezogenen Straßen an der Steilküste und Villen, die nach dem besten Blick auf die See heischen. Sassnitz ist nicht verspielt und nicht mondän, aber es ist jung, urban – mit 11 800 Einwohnern die zweitgrößte Stadt auf Rügen – und ist umweht vom unverwechselbaren Geruch des Meeres. Unmittelbar vor den Toren der Stadt beginnt der Nationalpark Jasmund [s. Nr. 21] mit den malerischen Kreidefelsen, in der anderen Richtung schließen sich Feuer-

Seit der Hafen von Sassnitz durch den großen Fährhafen von Mukran entlastet wurde, geht es – nur mit Ausflugs- und Fischkutterverkehr – geruhsamer zu

steinfelder sowie der Kleine und der Große Jasmunder Bodden an.

Mitte des 19. Jh. kamen die ersten Badegäste nach Sassnitz und 1890 bezog sogar Kaiserin Auguste Viktoria hier Quartier. Doch der Bädertourismus war nicht das einzige Standbein des Ortes. Ab 1889 gab es in Sassnitz eine Niederlassung der Kaiserlichen Marine und 1909 wurde der Fährverkehr nach Trelleborg in Schweden eingerichtet. Kreideindustrie und Fischverarbeitung waren bald die wichtigsten Erwerbszweige. Nach dem Zweiten Weltkrieg entwickelte sich Sassnitz zum Zentrum der ostdeutschen Hochseefischerei, die allerdings in den letzten Jahrzehnten einiges an Bedeutung verloren hat.

Bereits 1987 legte die DDR südlich der Stadt den neuen und größeren **Fährhafen Mukran** an, um von hier aus den Russlandhandel unter Umgehung Polens zu betreiben. Nach der Wende erfolgte der Ausbau zum *Skandinavien- und Baltikumhafen*. Die Gebäude des alten Fährhafens hatten ab 1998 endgültig ausgedient, wurden teils unter Denkmalschutz gestellt und beherbergen heute Museen. Die Strandpromenade erstrahlt in neuem Glanz und am Hafen hat sich eine ganze Reihe attraktiver Lokale etabliert.

Sassnitz scheint auf den ersten Blick vor allem aus der **Hauptstraße** ❶ zu be-

stehen, die sich am oberen Rand des Steilufers entlangzieht und an der die größeren Hotels und die meisten Geschäfte liegen. Hier entstand auch ein modernes Forum, die **Rügen-Galerie** ❷, eine Ladenpassage mit Geschäften, Praxen, Büros und Cafés. Folgt man der Hauptstraße weiter, sie heißt dann Berg- bzw. Weddingstraße, gelangt man zum Hochuferweg nach Lohme im Nationalpark Jasmund.

Im Norden schließlich wartet die **Altstadt** ❸ von Sassnitz mit einer ganzen Reihe restaurierter malerischer *Bädervillen* auf. Versteckt liegt dort der alte **Marktplatz** ❹, dessen Umgebung sich zu einem attraktiven kleinen Flanierviertel mit zahlreichen Kneipen entwickelt hat.

In westlicher Richtung gelangt man über die **Strandpromenade** ❺, an der auch die 1993 neu errichtete Seebrücke liegt, zum *Hafen*, der mit einer fast 1500 m langen Mole Fischkuttern und Segeljachten Schutz bietet. Das **Sassnitzer Fischerei- und Hafenmuseum** ❻ (Im Stadthafen Sassnitz, Tel. 03 83 92/578 46, www.hafenmuseum.de, April–Okt. tgl. 10–18 Uhr, Nov.–März Di–So 10–17 Uhr) schildert hier informativ die Fischerei-, Hafen- und Stadtgeschichte der letzten 100 Jahre in acht Abteilungen und einem Museumsschiff. Eine neue Attraktion des Hafens ist das **U-Boot-Museum** ❼ (Hafenstr. 12,

Haus J, Tel. 03 83 92/315 16, www.hms-otus.com, April–Okt. tgl. 10–19, Nov.–März 10–16 Uhr). Nach 28 Dienstjahren in der Royal Navy lädt das gut 90 m lange U-Boot *H.M.S. OTUS* zu einer spannenden Besichtigung ein. Gleich daneben befindet sich im denkmalgeschützten Terminal des alten *Fährhafens* das **Museum für Unterwasserarchäologie** ❽ (Tel. 03 83 92/323 00, April–Okt. tgl. 10–18 Uhr, Nov.–März tgl. 10–17 Uhr). Nach einer umfassenden Gebäudesanierung präsentiert es ab Mai 2008 wieder bemerkenswerte Tauchfunde aus 6000 Jahren, u. a. eine um 1339 gebaute Kogge oder das 1000 Jahre alte Wrack eines Ranenschiffs. 15 m vor dem Sassnitzer Ufer liegt ein gewaltiger, 41 m³ großer Findling, ein eiszeitliches Souvenir aus Skandinavien, im Wasser, liebevollspöttisch **Klein-Helgoland** genannt.

In der Umgebung finden sich zwei weitere Attraktionen für Feriengäste: Am Rand des Nationalparks Jasmund gibt es einen kleinen **Tierpark** (Steinbachweg 4, Tel. 03 83 92/223 81, www.tierpark.sassnitz.de, April–Sept. tgl. 10–17.30, Okt.–März tgl. 10–15.30 Uhr), ein Refugium für in Rügen heimische Tierarten wie Wolf, Schneeeule, Wildschwein und Luchs. Exotischer geht es dann am südwestlichen Ortsrand im **Schmetterlingspark Alaris** (Straße der Jugend 6, Tel. 03 83 92/664 42, www.alaris-schmetterlingspark.de, April–Sept. tgl. 9.30–17.30 Uhr, Okt. tgl. ab 10 Uhr bis zur Dämmerung) zu, wo sich in einer tropischen, 30° C warmen Freiflughalle rund 150 farbenfrohe Schmetterlingsarten tummeln.

Neu Mukran

Südlich von Sassnitz, abgetrennt durch die Bahnanlagen des Fährhafens Mukran und deshalb auch für Wanderer und Fahrradfahrer nur über die Autostraße zu erreichen, liegen die in Europa einzigartigen **Feuersteinfelder** von Neu Mukran. Von einem auf der Landseite an der Straße Sassnitz–Binz ge-

Vom Wirken des Meeres, von Strandgut und Bernstein, Feuersteinen und Hühnergöttern

Die alten Fischer wissen es am besten: »Das Meer nimmt's, das Meer bringt's« sagen sie. Ihr Fatalismus gegenüber den unaufhaltbaren Kräften des Wassers spricht von lebenslanger Erfahrung. An den **Steilküsten** Rügens geht man z. B. von einem durchschnittlichen Küstenabbruch von 1–2 m im Jahr aus. Und obwohl überall umfassende Maßnahmen zu Schutz und Sicherung der labilen Küstenzonen durchgeführt werden, lässt sich daran wenig ändern. Ganz anders aber ist die Situation im Bereich der **Haken** und **Bodden**. Hier, an den seichten, von der Meeresströmung verschonten Rändern, werden jährlich 1–2 m Sand abgelagert, die die Insel quasi zum Ausgleich für Landein bußen andernorts wieder vergrößern.

Und nicht nur Sand bringt das Meer, sondern auch Strandgut: manchmal eine Flaschenpost oder ein paar alte Schuhe und leider täglich zahllose Plastikflaschen, aber auch Fossilien wie **Donnerkeile** (Skelette von urweltlichen, tintenfischähnlichen Tieren) oder versteinerte Seeigel. Mit etwas Glück findet man auch ein Stückchen fossiles Harz, besser bekannt als **Bernstein** oder Gold der Ostsee. Der kostbarste Bernstein ist der mit Einschlüssen wie Pflanzenteilchen oder Insekten, die vor 40–50 Mio. Jahren in klebrigem Harz von Nadelbäumen für immer eingeschlossen wurden.

Noch älter sind die **Feuersteine**, eine glänzend schwarze Masse, die aus Kieselsäure-Ablagerungen im Meer besteht. Abgestorbene Meeresorganismen wie Seeigel, Schwämme u. ä. lieferten diese Säure, die zu Bändern und ganzen Schichten verschmolzen und verhärtet in den Kreideschichten eingelagert ist. Ihr Name aber rührt daher, dass man durch Aneinanderschlagen der Steine Funken erzeugen kann. Die Löcher in den Feuersteinen entstehen übrigens dadurch, dass eingeschlossene Kreide schichten ausgewaschen werden. In Sassnitz pflegt man diese durchlöcherten großen Steine mit Erde zu füllen und mit Blumen bepflanzt in den Vorgarten zu stellen, die **Sassnitzer Blumentöpfe**. Kleinere Steine mit durchgehendem Loch werden **Hühnergötter** genannt. Ihnen werden spezielle magische Kräfte zugesprochen: Legt man sie in die Hühnernester, fördern sie angeblich Gesundheit und Legefreudigkeit des Federviehs.

*Feuersteinfelder von Neu Mukran –
Wer schafft es, Funken zu schlagen?*

legenen Parkplatz führt ein ausgeschilderter Waldweg zu dem rund 5 ha großen Gelände am Ufer des Kleinen Jasmunder Boddens, wo vor 3000–4000 Jahren eine Sturmflut etwa 20 Wälle von Feuersteinen aufgeschichtet hat. Zwischen den 3–4 m breiten Gesteinswällen hat sich eine reizvolle Heide- und Wacholdervegetation angesiedelt. Eine Mufflonherde hält seit 1973 das Gelände von dichterem Bewuchs frei. Auf den Feuersteinfeldern, wie auch vor den Jasmunder Steilküsten, lassen sich mit etwas Glück *Hühnergötter* und *Sassnitzer Blumentöpfe* [s. S. 67] finden.

ℹ Praktische Hinweise

Information
Tourist-Service, Strandpromenade 12, Sassnitz, Tel. 03 83 92/64 90, Fax 03 83 92/649 20, www.insassnitz.de

Fremdenverkehrsbüro und Apartmentvermittlung, Seestr. 1 (im Rügenhotel), Sassnitz, Tel. 03 83 92/51 60, Fax 03 83 92/516 16

Schiff
Fährauskunft, Fährcenter Sassnitz-Mukran, Sassnitz, Tel. 03 83 92/644 20

Reederei Lojewski, Schlossallee 4/5, Liegeplatz: Ostmole Sassnitz, Sassnitz, Tel. 03 83 92/351 36, Fax 03 83 92/233 63, www.reederei-lojewski.de. Fahrten entlang der Kreideküste bis zum Königsstuhl. Abfahrten (ca. 2 Std. Dauer).

Reederei Ostsee-Tour, Hafenstr. 12 j, Sassnitz, Tel. 03 83 92/31 50, Fax 03 83 92/

506 72, www.reederei-ostsee-tour.de. Kartenverkauf an der Mole. Touren ab Hafen Sassnitz zu den Kreidefelsen, zum Königsstuhl, rund um Rügen, nach Usedom/Peenemünde.

Sport
Hochseeangeln, Tel. 03 83 92/501 05, Bordtel. 01 71/990 30 46. Touren mit dem Kutter MS Rügenland, Abfahrt Fischereihafen Brücke III.

Reiterhof Dubnitz, Dubnitz 15, nahe Fährhafen Mukran, Tel. 03 83 92/323 68, Fax 03 83 92/579 72. Reitunterricht und Ausritte werden angeboten. Dazu gehört eine Landpension mit Sauna und Restaurant.

Einkaufen
Töpferei am Hafen, Am Hafen 12, Sassnitz, Tel. 03 83 92/503 09. Geschmackvolles handgedrehtes Gebrauchsgeschirr und ein vielfältiges Kachelsortiment stehen zur Auswahl.

Töpferei Dörte Päplow, Seestr. 3, Sassnitz, Tel. 03 83 92/577 75. Es gibt Fayencen und feldspatglasiertes Steinzeug sowie Mi 15 Uhr Möglichkeiten zum Selbertöpfern.

Hotels
Fürstenhof, Rosenstr. 11, Sassnitz, Tel. 03 83 92/530, Fax 03 83 92/533 33, www.ruegen-hotel.de. Reizvolles Apartmenthotel im Bäderstil direkt an der Hafenpromenade. Geschützte Balkone zum Meer.

Villa Seestern, Mühlenstr. 5, Sassnitz, Tel. 03 83 92/332 57, Fax 03 83 92/367 65, www.villa-seestern-sassnitz.de. In einem großen Garten am Kliff gelegene Bäderstil-Villa mit Aussichtsterrasse, ideal für den Komforturlaub, mit Sauna und Kreidebad. Gepflegtes Restaurant *Fisch-Brasserie* mit Wintergarten.

Waterkant, Walterstr. 3, Sassnitz, Tel. 03 83 92/509 41, Fax 03 83 92/508 44, www.hotel-waterkant.de. Modernes Hotel garni am Steilabfall über dem Hafen. Balkone zum Meer, Wintergarten und Garten.

Restaurants
Altstadt Brasserie, Am Markt 4, Sassnitz, Tel. 03 83 92/234 53. Stilvolles Speiserestaurant mit ausgezeichneten Fischspezialitäten und täglich wechselnden Angeboten.

Bars

Florita Cocktailbar, Marktstr. 4, Sassnitz, Tel. 03 83 92/236 10. Eine durchgestylte moderne Bar, direkt am Marktplatz in der Altstadt. Professionelle Barkeeper garantieren köstliche Cocktails (tgl. 18–3 Uhr).

21 Nationalpark Jasmund und Stubnitz

Ein verzauberter Wald über den imposanten Kreidefelsen der Stubbenkammer.

Der **Nationalpark Jasmund** (Zentraler Parkplatz in Hagen, www.nationalpark-jasmund.de), der kleinste deutsche Nationalpark, ist ein rund 3000 ha großes Gebiet im Nordosten der Halbinsel Jasmund, das 603 ha Ostseeküste, 40 ha Moorfläche und etwa 2000 ha Wald, die **Stubnitz**, umfasst. In deren mittlerem Bereich befindet sich die höchste Erhebung Rügens, der Piekberg mit knapp 162 m. Er ist jedoch bewaldet und bietet keine Aussichtsmöglichkeiten. Die Stubnitz ist das größte zusammenhängende Waldgebiet Rügens und besteht zum größten Teil aus einem etwa 2000 Jahre alten Buchenwald. Je älter der Baumbestand und je dichter das Blätterdach, um-

so weniger Licht dringt in den Wald, sodass hier kaum noch Unterholz wachsen kann. Lediglich in den kühleren und feuchteren Bachtälern gedeihen andere Baumarten wie Erlen und Bergahorn. Aufgrund dieser Gegebenheiten wirkt der hohe buschlose Buchenwald, dessen gedämpftes Licht und absolute Stille kaum einmal von dem Schatten oder dem Ruf eines Vogels gestört wird, wie verzaubert.

Um den Wald und die dazugehörige Steilküste vor übermäßigem Holzeinschlag bzw. Kreide-Abbau zu bewahren, wurde die Stubnitz bereits 1929 zum Naturschutzgebiet erklärt. Auch heute wird streng darauf geachtet, dass der Park nur zu Fuß erkundet wird. Lediglich zum Gasthaus *Waldhalle* an den spektakulär geformten Kreidefelsen der **Wissower Klinken** führt ab Sassnitz ein für Autos und Fahrräder zugelassener, aber wenig empfehlenswerter Kopfsteinpflasterweg.

Der schönste Wanderweg im Nationalpark, wenn auch am stärksten begangen, ist der **Hochuferweg von Sassnitz nach Lohme**, der an vielen Stellen mit Holzplanken und Balustraden gesichert ist. Er führt zu immer neuen herrlichen *Aussichtspunkten* an der Steilküste mit klangvollen Namen wie Ernst-Moritz-Arndt-Blick oder Viktoria-Sicht. Auf der Strecke gibt es einige Ab-

Der Nationalpark Jasmund lädt zu Waldspaziergängen mit herrlichen Ausblicken ein

Vorsicht an der Abbruchkante – Friedrichs Gemälde ›Kreidefelsen auf Rügen‹

Das Rügen Caspar David Friedrichs

Der berühmteste Landschaftsmaler der deutschen Romantik, **Caspar David Friedrich**, wurde 1774 als sechstes Kind eines Seifensieders in Greifswald geboren. Bereits als 14-Jähriger nahm er am Unterricht des Zeichenlehrers Johann Gottfried Quistorp teil, durch den er auf gemeinsamen Reisen Rügen kennen lernte. 1794 nahm der begabte Schüler sein Studium an der Kunstakademie in Kopenhagen auf und ließ sich nach dem Abschluss 1798 in Dresden nieder. Zusammen mit den Malern Philipp Otto Runge (1777–1810), Carl Gustav Carus (1789–1869), Johan Christian Claussen Dahl (1788–1857), Georg Friedrich Kersting (1785–1847) und Ferdinand Olivier (1785–1814) bildete er einen **romantischen Zirkel**, dem auch die Dichter Novalis und Ludwig Tieck angehörten. Ab 1816 war Friedrich Mitglied der Dresdner Akademie der Künste.

In seinen weltberühmten Gemälden stellt Friedrich meist einsame, melancholische Landschaften dar. Der Mensch erscheint in dieser (trotz der überwiegend kleinen Bildformate) monumentalisierten Idealkulisse als isoliertes Wesen, das die Natur – und damit Gottes Schöpfung – ehrfurchtsvoll betrachtet.

Die romantischen Hauptmotive der Kompositionen wie Kirchenruinen, Friedhöfe, alte Bäume oder auch aufgewühlte Meeres- und Wolkenszenerien sind hierbei Ausdruck der Vergänglichkeit alles Irdischen.

Friedrich kam im Laufe der Jahre immer wieder nach **Rügen** und die dortigen Landschaftseindrücke hatten eine tiefe Wirkung auf sein Schaffen. Die zahlreichen in der freien Natur angefertigten Skizzen in Sepia und Aquarell bildeten die Grundlage für die später im Dresdner Atelier geschaffenen Ölgemälde.

Im Juni 1801 z. B. kam Friedrich nach einem Besuch der dänischen Insel Møn nach Lauterbach. Damals entstanden Zeichnungen vom Mönchgut, von Lauterbach, Vilmnitz, Stresow, Reddewitz, Zicker und Vilm. Auf einer weiteren Reise 1802 malte er am Jasmunder Bodden und er entwarf erste Skizzen der Stubnitz und der Wissower Klinken. Von 1806 schließlich stammen Bilder des Großsteingrabs in Nadelitz.

Als 44-Jähriger heiratete Caspar David Friedrich Caroline Bommer. Die Hochzeitsreise führte sie 1818 in die Stubbenkammer und auf die Insel Wittow. Damals entstand sein wohl berühmtestes Bild **Kreidefelsen auf Rügen**. Es heißt, es stelle die Wissower Klinken dar, da sie dem Bild am ehesten ähneln, aber die Steilküste verändert sich ständig, sodass man heute den Ort nicht mehr sicher identifizieren kann. Die drei dargestellten Personen sind vermutlich Friedrich, seine Frau und sein Bruder Heinrich. Während der Mann rechts in Betrachtung versunken dasteht, nähern sich die beiden anderen Figuren gerade vorsichtig dem Steilabbruch. Es scheint, als folgten sie dabei den Ratschlägen des Dichters Johann Jacob Grümbke, der zu Beginn des 19. Jh. ausführlich über die Gefahren der ungesicherten Kreideküste geschrieben hatte.

Eine letzte Reise führte Friedrich 1826 nach Sassnitz, wo er zur Stärkung seiner angeschlagenen Gesundheit Kreide- und Solebäder nahm. Er erlitt 1835 einen Schlaganfall, der ihn halbseitig lähmte und ihn am weiteren Schaffen hinderte. 1840 starb er in Dresden und wurde auf dem dortigen Trinitätsfriedhof begraben.

und Aufstiege, dort wo enge Bachtäler ihren Weg zum Meer hinab suchen. Abstiege zum Ufer gibt es allerdings nur drei, an den Wissower Klinken, am Kieler Ufer und am Königsstuhl (412 Stufen!). Eigenmächtige Kletterpartien an den Abhängen sind verboten und in Anbetracht des weichen Untergrundes auch sehr gefährlich. Da die Kreidefelsen der Erosion ausgesetzt sind, kommt es immer wieder zu Abbrüchen. Im Februar 2005 stürzten die markanten Zinken der Wissower Klinken in die Ostsee.

Vom zentralen *Nationalpark-Parkplatz* in Hagen gibt es im Sommer einen Bus-Pendeldienst zum 2 km entfernten **Königsstuhl**, die mit 117 m höchste und bekannteste Kreideformation an der Steilküste. Sein Name geht auf die Sage zurück, dass früher derjenige, dem es gelang, den Felsen zu erklimmen, zum

König ernannt wurde. Hier befindet sich das **Nationalpark-Zentrum Königsstuhl** (Tel. 03 83 92/66 17 66, www.koenigsstuhl. com, April–Okt. tgl. 9–19 Uhr, Nov.–März tgl. 10–17 Uhr) mit Ausstellung, Bistro, Laden und Naturspielplatz. Ob hier **Caspar David Friedrich** im Jahr 1818 sein berühmtes Bild ›Kreidefelsen auf Rügen‹ malte oder an den dem Bild eher ähnelnden Wissower Klinken, ist nicht mehr zu klären, denn das Aussehen des Küstenprofils hat sich seitdem verändert, da viele Felspartien abgerutscht und ins Meer gewaschen worden sind. Wem der Besucherandrang auf der kostenpflichtigen Aussichtsplattform zu groß ist, kann auf die benachbarten, weniger frequentierten Felsplateaus ausweichen. Von der **Viktoria-Sicht**, 500 m südlich vom Königsstuhl, hat man den besten Blick auf diesen markanten Kreidefelsen.

Besuchermagnet der Jasmunder Kreideküste ist die Aussichtsplattform des Königsstuhls, der auch vom Wasser aus einen erhabenen Anblick bietet

Seit jeher fahren die Fischer von Lohme aufs Meer hinaus, doch zunehmend prägen die Jachten der Freizeitkapitäne das Bild des Hafens

Will man den Rummel meiden, bieten sich die *Wanderwege* im Zentrum der Stubnitz oder im Bereich nördlich des Königsstuhls, der sog. **Stubbenkammer**, an. Hier gibt es Hochmoore und Erlensümpfe, seltene Orchideen und Gräser sowie eine ganze Reihe steinzeitlicher Hünengräber zu entdecken. Auch der verwunschene **Herthasee**, 11 m tief und dunkel, mitten im Wald, ist meist einsam und still. Daneben sind die Erhebungen eines *slawischen Burgwalls* zu erkennen, der **Herthaburg**. Die Legende erzählt von der Göttin Hertha, die in dem See badete. Ihre Diener, die sie zum Bad begleiteten, soll sie in den Tiefen des Sees ertränkt haben, damit sie nichts von dem Beobachteten weitererzählen konnten.

ℹ️ Praktische Hinweise

Restaurant

Baumhaus-Stuben, Sassnitz, im Nationalpark, nicht weit vom Parkplatz, Tel. 03 83 92/223 10. Gemütliche Stube und bodenständiges Essen, z. B. frisches Wildbret, in hübschem rohrgedeckten Haus am Waldrand. Wer länger bleiben möchte, kann eines der behaglichen Zimmer im Hotel *Baumhaus* nehmen (im Winter geschl.).

22 Lohme

Fischerdorf am urwüchsig wilden Steilufer der Jasmund-Nordküste.

Am nördlichen Ende des Nationalparks Jasmund liegt Lohme, ein Fischerort mit idyllischem Hafen und kleinem steinigen Strand vor dem bewaldeten Steilufer. Zum Hafen – seit Fertigstellung des neuen Beckens 1997 mehr Jacht- als Fischerhafen – führt eine steile Treppe hinunter. Einen guten Überblick hat man von der Terrasse des netten **Hafencafés Niedlich**. Was die Fischer von Lohme fangen, wandert zum Teil in die örtlichen Lokale, zum Teil wird es aber auch in der **Fischräucherei** (Dorfstr. 18, mit Imbiss) verarbeitet.

Der reizende Ort ist ideales Quartier für individuelle Wander- und Badeferien. Bei ruhiger See kann man auch unterhalb des Steiluferwegs in die Stubbenkammer und nach Sassnitz direkt am steinigen Ufer entlanglaufen, allerdings ist dieser Weg recht beschwerlich.

ℹ️ Praktische Hinweise

Information

Gemeinde Lohme, Dorfstr. 23, Lohme, Tel. 03 83 02/888 38, Fax 03 83 02/901 09, www.lohme.de

Einkaufen

Hofgut Bisdamitz, Dorfstr. 1, Bisdamitz (an der Straße nach Glowe),
Tel. 03 83 02/92 07, Fax 03 83 02/901 99,
www.hofgut-bisdamitz.de. Restaurant
und Ökoladen in einem hochmodernen
Bau. Biolandhof mit Milchkühen, Scha-
fen sowie eigener Käserei und Bäckerei
(tgl. 9–20 Uhr, in der Nebensaison
tgl. 10–18 Uhr).

Steinmanufaktur Steinmüller, Zum
Hafen 6, Lohme, Tel/Fax. 03 83 02/901 09,
www.ruegensteine.de. Man wundert
sich, was alles aus Steinen hergestellt
werden kann: Schmuck, Accessoires,
Souvenirs und Gebrauchsgegenstände.

Töpferei Kerstin Bartel, Dorfstr. 27,
Lohme, Tel. 03 83 02/888 98. Keramik,
Fayencen und Fliesen bieten sich als
hübsche Mitbringsel an.

Camping

Waldcampingplatz Nipmerow, Am Teu-
felsberg 15, Lohme, Tel. 03 83 02/92 44,
Fax 03 83 02/532 20, www.waldcamping
platz-ruegen.de. Ganz ruhiger, von Bäumen beschatteter Platz im Nationalpark
Jasmund mit einfacher Ausstattung.

Hotels

Nordwind, Dorfstr. 51 a, Lohme,
Tel. 03 83 02/92 46, Fax 03 83 02/94 44,
www.hotel-pension-nordwind.de.
Komfortable Pension in neuem Ziegelbau an der Steilküste, mit Terrasse, Garten und kleinem Hallenbad sowie Wellnessbereich inkl. Sauna und Solarium.
Restaurant mit regionalen Fisch- und
Fleischgerichten.

 Panoramahotel Lohme, Dorfstr.
35, Lohme, Tel. 03 83 02/911, Fax 03
83 02/91 11 32, www.lohme.com.
Das älteste Hotel der Gegend (1850)
im Bäderstil befindet sich etwa 60 m
oberhalb des Fischerei- und Jachthafens.
Von der Terrasse bietet sich ein traumhafter Blick bis Kap Arkona und
Hiddensee. Die Gourmetküche setzt
auf frischen Fisch.

23 Bobbin und Schloss Spyker

*Schwedische Einflüsse auf dörfliches
Ambiente am Bodden.*

Auf einer Anhöhe südwestlich von Lohme liegt **Bobbin**. Am höchsten Punkt des
kleinen Dorfes befindet sich die Kirche **St.
Paul**, die einzige erhaltene Feldsteinkir-
che Rügens. Der Bau wurde, vom Kloster
in Bergen finanziert, um 1250 begonnen.
Um 1450 nahm man Umbauten vor und

*Reizvolles Ambiente für ein romantisches Picknick – der sommerlich-grüne Tempelberg bei
Bobbin lockt Ausflügler mit schöner Panoramasicht*

ergänzte die Ziergiebel aus Backstein. Erst 50 Jahre später fügte man den trutzigen Turm hinzu. Im 17. Jh. ließ der Schlossherr von Wrangel ein prächtiges barockes Ensemble, bestehend aus Kanzel, Altar und wappengeschmückter Patronatsloge, für die Bobbiner Kirche anfertigen.

Am Südrand des Dorfes liegt der **Tempelberg**, der mithilfe einer Treppe erklommen werden kann und von dem sich ein fantastischer Blick auf den Großen Jasmunder Bodden, die Schaabe und die Tromper Wiek sowie das dahinter aufragende Kap Arkona auftut. Vor dem Bodden ist im Baumgrün ein leuchtend rotes Gebäude auszumachen – **Schloss Spyker**. Hier, in der Senke zwischen Spykerschem See und Großem Jasmunder Bodden, gab es bereits im Mittelalter ein Rittergut, das nach Ende des Dreißigjährigen Kriegs dem Marschall und späteren Generalgouverneur über Schwedisch-Pommern, Carl Gustav Wrangel (1613–1676), von der schwedischen Krone zugesprochen wurde. Dieser ließ sich auf den Fundamenten der verfallenen Gutsgebäude ab 1649 nach dem Vorbild seines schwedischen Besitzes Skokloster am Mälarsee das trutzige Schloss Spyker bauen. Die Anlage im Stil der Renaissance besteht aus einem massiven dreigeschossigen Bau mit vier runden Ecktürmchen. Im Inneren sind noch einige der wunderschönen Stuckdecken erhalten.

Von Wrangel – 1651 in den Grafenstand erhoben – starb 1676 auf Schloss Spyker und der Besitz ging an den Grafen Nicolaus von Brahe über, der es nach dem endgültigen Ende der schwedischen Herrschaft 1816 an den Fürsten von Putbus verkaufte. Bis 1945 diente das Schloss als Familiensitz derer von Putbus. Zu DDR-Zeiten wurde es enteignet und als FDGB-Erholungsheim genutzt. Heute ist hier das gepflegte Hotel **Schloss Spyker** [s. u.] mit elegantem Restaurant beheimatet. Die Umgebung verlockt zu Spaziergängen um den Spykerschen See und den Jasmunder Bodden.

Zwischen Bobbin und Sagard liegt das Dorf **Neddesitz**, in dessen Nähe sich um das 1901 erbaute *Gutshaus* eines Kreidebruchbesitzers ein großes Steigenberger Luxus-Hotelresort etabliert hat. Dort befindet sich auch das **Erlebnisbad Jasmund-Therme** (tgl. 8–22 Uhr). Vom Parkplatz des Resorts ist nach einem ca. 15-minütigen Fußweg der **Kreide- und Naturlehrpfad Gummanz** zu erreichen, der – neben Schautafeln zu inseltypischer Flora und Fauna – anschaulich zeigt, wie in den letzten 150 Jahren in den über

Der hohe Norden lässt grüßen – das tiefrote, in frisches Grün gebettete Schloss Spyker ließ sein Erbauer Wrangel einem Schwedenschloss nachempfinden

Kreide – weder für Lehrer noch für den großen bösen Wolf

Als Rügen im Erdmittelalter vor etwa 70 Mio. Jahren noch unter Wasser lag, lagerten sich auf dem Meeresboden Hunderte von Metern dicke Schichten mit den Resten abgestorbener **Schalentiere** ab. Das Meer zersetzte diese und hinterließ einen **Kalkschlamm**, der durch die Hebungen und Senkungen der Eiszeit zusammengepresst und an die Oberfläche geschoben wurde. Er bildete das Rohmaterial für die Kreidefelsen von Rügen. Wird die Kreide der Witterung ausgesetzt, verwandelt sie sich in einen fruchtbaren schwarzen Boden, auf dem sich die Naturwälder der Ostsee gut ausbreiten konnten.

In den offenen **Kreidebrüchen**, die naturgemäß enormen Auswaschungskräften ausgesetzt sind, muss die Kreide mit Pickeln aus den senkrechten Wänden geschlagen werden. Anschließend wird sie dann geschlämmt, um Unreinheiten auszuwaschen. Der gereinigte Kreidebrei wird getrocknet, bevor er gemahlen und gepresst als Zusatzstoff für die Herstellung von **Farben** und **Düngemitteln** Verwendung finden kann. Die heutige Schulkreide wird übrigens überwiegend aus Gips hergestellt. Der gesamte Prozess war früher wegen des Trockenvorgangs nur im Sommer durchzuführen und dauerte etwa acht Wochen. Zu DDR-Zeiten wurden dann Maschinen eingesetzt und Verfahren entwickelt, die den Verarbeitungsvorgang auf 80 Minuten verkürzten. In den rügenschen Kreidebrüchen wurden damals jährlich etwa 150 000 t gefördert und exportiert. Heute ist der Abbau an den Kreideküsten Jasmunds verboten. Allerdings sind noch ein Kreidebruch bei Sagard und das Kreidewerk Klementelvitz bei Sassnitz im Inselinneren in Betrieb, denn inzwischen erfreut sich die Rügenkreide als Pulver für Heilbehandlungen bei Rheuma und Hautkrankheiten wachsender Beliebtheit.

40 Kreidebrüchen Rügens gearbeitet wurde. Der Pfad führt an allerlei technischen Gerätschaften vorbei zu der Grube des Kreidebruchs, in die man sogar hineinsteigen kann. Am nördlichen Rand ragen die Kreidefelsen bis zu 40 m hoch auf. Weitere Informationen rund um die Kreide erhält man im **Kreidemuseum** (Gummanz 3 a, Tel. 03 83 92/350 11, www.kreidemuseum.de, April–Sept. Di–Sa 10–17 Uhr, Okt.–März Mo–Fr 10–17 Uhr) informieren.

ℹ Praktische Hinweise

Hotel

Schloss Spyker, Schlossallee, Bobbin, Tel. 03 83 02/770, Fax 03 83 02/533 86, www.schloss-spyker.de. Idyllisch am Spykerschen See und dem Jasmunder Bodden gelegenes stilvolles Schlosshotel mit vollständig restaurierten Räumen, mit Kaminzimmer und Restaurant Vier Jahreszeiten – nach den Motiven der frühbarocken Stuckdecken benannt. Im Gewölbekeller lockt das rustikale Restaurant Zum alten Wrangel. Das Schloss bietet auch kulturelle Veranstaltungen. Fahrradverleih.

24 Glowe

Junger Badeort zwischen Bodden und Schaabe.

TOP TIPP

Im Nordwesten geht der Jasmund in eine lang gezogene sichelförmige Nehrung über, die **Schaabe**, die den Großen Jasmunder Bodden vom offenen Meer trennt und an ihrer schmalsten Stelle gerade mal 600 m breit ist. 9 km herrlichster *Sandstrand* erwarten einen hier. Im 19. Jh. wurden die Dünen mit Kiefernwald bepflanzt, der inzwischen eine stattliche Höhe erreicht hat und der Landschaft einen mediterranen Charakter verleiht. Entlang der Boddenküste verläuft ein Wanderweg, der von Lietzow bis Breege ausgeschildert ist.

Am Eingang zur Schaabe liegt der kleine Ort **Glowe** (1000 Einw.), ehemals ein Fischerdorf, das mit der Blüte der Seebäder auch einen bescheidenen Aufschwung genommen hat. Der alte Fischereihafen ist verschwunden, die Siedlung hat sich zur Durchgangsstraße hin orientiert und auf der am östlichen Ortsrand liegenden Landspitze **Königshörn** ist ein moderner Jacht- und Wasserwanderhafen mit einer Feriensiedlung entstanden. Im Weiler **Ruschvitz**, östlich von Glowe, soll übrigens der Freibeuter Klaus Störtebeker [s. S. 95] geboren worden sein.

Bei Glowe nimmt der herrliche Sandstrand der Schaabe seinen Anfang, der sich auf 9 km Länge von der Halbinsel Jasmund bis zur Halbinsel Wittow erstreckt

ℹ️ Praktische Hinweise

Information
Tourismusbüro Glowe, Hauptstr. 37, Glowe, Tel. 03 83 02/52 21, Fax 03 83 02/52 52, www.glowe.de

Einkaufen
Mode aus Wildseide, Hauptstr. 46, Glowe, Tel. 03 83 02/718 52, www.wildseide.de. In einer ehem. Feuerwehrgarage kreiert die Mode-Designerin Birgitt Bandelin Unikate in einfacher Schnittführung und mit raffinierter Detailgestaltung aus kräftig gefärbter Wildseide.

Hotel
Bel-Air Strandhotel Glowe, Waldsiedlung 130 a, Glowe, Tel. 03 83 02/74 70, Fax 03 83 02/74 71 20, www.bel-air-hotels.de. Mitten im Strandwald der Schaabe liegendes modernes Ferienhotel mit Hallenbad, Sauna, Fitnessbereich und Feinschmecker-Restaurant Ruiani.

Restaurant
Fischerhus, Hauptstr. 53, Glowe, Tel. 03 83 02/52 35. Regionale Fischgerichte, insbesondere Heringsspezialitäten, und einheimische Speisen werden in dem rustikal dekorierten Lokal serviert.

25 Sagard

Herz des Jasmunds

Dort wo sich die Straßen von Glowe und von Sassnitz nach Bergen treffen, führt im Zwickel dazwischen eine holperige Kopfsteinpflasterstraße durch ein Dorf mit kleinen zweigeschossigen Häusern, in das sich nur noch wenige Reisende verirren. Dies war Mitte des 18. Jh. anders, als man in Sagard eine eisenhaltige Mineralquelle entdeckte, die für Kurbäder genutzt wurde. 1794 wurde gar eine *Brunnen-, Bade- und Vergnügungsanstalt* in Sagard gegründet. Doch schon Anfang des 19. Jh. kam das Freibaden in der Ostsee in Mode und die Urlaubsgäste vergnügten sich von da an lieber im modernen, vom Fürsten zu Putbus erbauten Badehaus in Lauterbach.

An der alten Kreuzung im Ort steht die Kirche **St. Michael**. 1210 errichtet, ist sie eine der ältesten der Insel, ein romanischer einschiffiger Bau mit gotischem Chor (um 1400). Ende des 18. Jh. wurde eine beeindruckend große Orgel in die kleine Kirche eingebaut. Die übrige Ausstattung stammt größtenteils aus dem 19. Jh.

Südlich des Ortes liegt das größte bronzezeitliche Hügelgrab Norddeutschlands, der 3500 Jahre alte **Dobberworth**. Zu sehen ist allerdings nur ein mit Buschwerk bewachsener 12 m hoher Erdhügel.

ℹ️ Praktische Hinweise

Sport

Jasmunder Segel- & Surfschule, Neuhof 1, Sagard, Tel. 03 83 02/568 80, Fax 03 83 02/568 82, www.windrider.de. Hier an der Boddenküste im Ortsteil Neuhof werden auch Segel- und Surfkurse für Kinder angeboten.

26 Lietzow

Boddenidylle mit 6000 Jahren Geschichte.

Zunächst sieht man von Lietzow nur einen neogotischen Turm aus den grünen Baumwipfeln herausragen – das verspielte Detail eines **Schlösschens** (in Privatbesitz), das sich hier der Baumeister des Damms und der Bahnstrecke von Stralsund nach Sassnitz als verkleinerte Kopie des Schlosses Lichtenstein bei Reutlingen (Schwäbische Alb) errichten ließ. Der künstliche **Eisenbahndamm**, an dessen nördlichem Ende das beschauliche Lietzow liegt, trennte ab 1868 den Kleinen vom Großen Jasmunder Bodden. Lediglich eine Schleuse blieb, die den Wasseraustausch ermöglicht.

Schon 30 Jahre früher hatte man bei Lietzow an der Küste des Kleinen Jasmunder Boddens erste steinzeitliche Funde gemacht. Schließlich leitete man systematische archäologische Ausgrabungen ein, die über 20 000 Fundstücke einer 6000 Jahre alten Kultur zum Vorschein brachten. Als **Lietzow-Kultur** ging sie in die Forschung ein. Aus Feuerstein gefertigte Pfeilspitzen, Faustkeile, Axtschneiden, Messerklingen und vieles mehr wurden hier aus dem Boden geholt. Ungeklärt blieb bis heute, warum sie so gehäuft an einem Punkt auftraten. Teile der Ausgrabungen sind im Mönchguter Museum in Göhren, andere im Kulturhistorischen Museum von Stralsund ausgestellt.

ℹ️ Praktische Hinweise

Camping

Camping Lietzow, Waldstraße, Lietzow, Tel. 03 83 02/21 66, Fax 03 83 02/31 71, www.lietzow.net. Ruhige Lage auf einem Hochplateau im Wald und im Zentrum der Insel. Mit Gästehaus.

Restaurants

Traditionsräucherei Lietzow, Spitzer Ort 7, Lietzow, Tel. 03 83 02/569 66, www.ruegen-schewe.de. Geboten wird frisch zubereiteter Fisch und Räucherfisch aus der Buchenholz-Räucherkammer (Räucherei ab 8 Uhr, Restaurant ab 11 Uhr geöffnet).

Im verträumten Lietzow dümpeln Boote am Jasmunder Boddenufer, im Hintergrund reckt ein Schlösschen seinen Turm vorwitzig über die Baumkronen hinweg

Wittow – Windland am Nordkap Deutschlands

Der nördlichste Teil Rügens, die Halbinsel Wittow, scheint ständig in Gefahr, vom Wind fortgetrieben zu werden. Fast losgelöst von der Insel erscheint das Windland, befestigt nur an zwei losen ›Schnüren‹, von denen sich die eine, die **Bug** genannte Landzunge im Westen, schon vom Festland losgerissen hat, während die andere, die Nehrung **Schaabe** im Osten, noch am Jasmund hängt. Flach und baumlos erstreckt sich das Ackerland am **Wieker Bodden** und am **Breeger Bodden** bis an die stürmische Nordküste, wo auf knapp 50 m Höhe das **Kap Arkona** mit seinen Leuchttürmen die herannahenden Schiffe grüßt und Besucher mit Fernweh in großer Zahl anlockt. Einige kleine Ortschaften, deren rund 5800 Einwohner sich der Landwirtschaft und dem Tourismus widmen, liegen hineingesprenkelt in das gelbbraune Ackerland. Ausgehend von der **Wittower Fähre**, dem Ostseebad Breege-Juliusruh und dem Zentrum der Halbinsel, **Altenkirchen**, führen schöne Alleen, deren Bäume sich schräg gegen den Wind lehnen, zu den äußersten Punkten der Insel, dem ehem. Militärstützpunkt **Dranske**, dem Ferienparadies **Bakenberg** und **Putgarten** mit dem Kap Arkona.

27 Ostseebad Breege-Juliusruh

Ein Binnenhafen und ein gräflicher Kurpark wuchsen zusammen zum beliebten Badeort.

Die Wurzeln des Badebetriebs von Rügen liegen nicht in Putbus, sondern in **Juliusruh**. Das Land am nördlichen Ende der Schaabe gehörte im 18. Jh. der wohlhabenden Familie von der Lancken. 1795 ließ *Julius von der Lancken* im Süden seines bei Altenkirchen gelegenen Gutes Presenske an einem besonders schönen Flecken zwischen Ostseestrand und Bodden einen **Kurpark** (offen zugänglich) anlegen. Das Vorhaben – von dem neuen

Badeort Heiligendamm bei Bad Doberan inspiriert – gestaltete sich höchst aufwendig, denn der Untergrund bestand lediglich aus feinem Dünensand. Für die Parkalleen ließ man sogar Linden aus Schweden importieren. Ein Landhaus, eine Reitbahn, eine Orangerie, ein Badehaus und Stallbauten entstanden. Juliusruh brachte seinem Erbauer jedoch nicht die erhoffte Ruhe, sondern finanzielle Probleme. 1803 verkaufte er den Park an seinen Vetter Philipp, den Besitzer des Gutes Lancken bei Dranske. 1835 ging das Land ins Eigentum der Stadt Stralsund über und verwilderte, die Gebäude verfielen. Seit 1945 ist es im Besitz der Gemeinde, die seit einigen Jahren versucht, die historische Anlage wieder herzustellen. An den Begründer von Juliusruh erinnert ein aus einem granitenen Findling gehauener *Gedenkstein* im Park. Doch Kurpark hin oder her – heutige Besucher erfreuen sich vor allem an dem schönen, breiten *Sandstrand*, der im Süden in die Schaabe übergeht.

Über die Rohrdachkaten des malerischen Fischerdörfchens Vitt gleitet der Blick an der Wittower Ostküste bis zum Kap Arkona, das als Rügens nördlichster Punkt gilt.

Wenn die Väter mit den Söhnen – früh übt sich in Breege, was ein großer Segler werden will

Schon 1314 gab es, gut 1 km entfernt von Juliusruh, am nördlichsten Punkt des Großen Jasmunder Boddens das Fischerdorf **Breege**. Im 17. Jh. war es ein bedeutender Marktflecken, da im von Bodden und Sumpfgebieten durchfurchten Norden Rügens die Verkehrswege zu Wasser bedeutsamer waren als die zu Lande. Zur selben Zeit, als Juliusruh entstand, avancierte Breege zu einem wichtigen Handelshafen. Von hier aus wurden landwirtschaftliche Produkte Rügens und Pommerns direkt nach England verschifft. Das Schiffsregister verzeichnete 46 in Breege gemeldete Seeschiffe mit etwa 250 Mann Besatzung. Nachdem die Segelschifffahrt Mitte des 19. Jh. an Bedeutung verloren hatte, besann man sich jedoch auf die Fischerei und den gerade in Mode gekommenen Bädertourismus. 1883 wurde ein Breeger Badeverein gegründet und 1928 schloss man Breege und Juliusruh zu einem **Seebad** zusammen. In den 1990er-Jahren wurde der **Hafen** mit Ferienwohnungen, Lokalen und Liegeplätzen für Freizeitjachten neu belebt. Zudem hat die Binnenschifffahrt hier einen wichtigen Stützpunkt. Breege ist Ausgangspunkt für Fahrten zur Insel Hiddensee, zu den Störtebeker-Festspielen in Ralswiek

Zu Anfang des 19. Jh. ein wichtiger Handelshafen, ist Breege heute Stützpunkt für die Binnenschifffahrt, für Ausflugs-, Angel- und Segelboote

sowie für Angelfahrten und Boddenausflüge.

Am westlichen Ortsrand des geruhsamen Breege stehen die sog. **Kapitänshäuser**. Wie der Name andeutet, handelt es sich bei den hübschen rohrgedeckten Gebäuden um Häuschen, die von den Handelsschiffern des 19. Jh. errichtet wurden.

ℹ Praktische Hinweise

Information

Informationsamt, Wittower Str. 5, Juliusruh, Tel. 03 83 91/311, Fax 03 83 91/132 35, www.ostseebad-breege.de

Tourismus-Service-Wittow, Ringstr. 6, Juliusruh, Tel. 03 83 91/130 50, Fax 03 83 91/130 52, www.ruegen-tsw.de. Private Vermittlung von Ferienhäusern und -wohnungen.

Schiff

Reederei Kipp, Dorfstr. 101, Breege, Tel. 03 83 91/123 06, Fax 03 83 91/123 07, www.reederei-kipp.de. Fahrten von Breege nach Hiddensee sowie zur Naturbühne Ralswiek (Störtebeker-Festival), Boddenrundfahrten u. a.

Camping

Freizeitcamp Am Wasser, Wittower Str. 1–2, Breege, Tel./Fax 03 83 91/237. Platz zwischen Bodden und Meer mit angenehmer Kombination aus Mischwald und großen Wiesenflächen. Moderne Einrichtungen, Gaststätte und Imbiss sind vorhanden.

Hotels

Atrium am Meer, Am Waldwinkel 2–3, Juliusruh, Tel. 03 83 91/40 30, Fax 03 83 91/403 41, www.hotel-atrium.de. Im Wald in Strandnähe gelegenes, modernes größeres Haus mit Restaurant. Organisiert im Herbst und Frühjahr Wanderungen.

Dünenhaus, Ringstr. 5, Juliusruh, Tel. 03 83 91/40 70, Fax 03 83 91/407 69, www.duenenhaus.im-web.de. Modernes Haus am Meer mit Balkonen zur Wasserseite. Im Restaurant sorgt eine Terrasse für weiten Seeblick.

Kapitäns-Häuser Breege, Hochzeitsberg 16, Breege, Tel. 03 83 91/420, Fax 03 83 91/120 05, www.kapitaenshaeuser.de. Hotelzimmer und Ferienwohnungen am Hafen von Breege. Mit Schwimmbad, Sauna, Solarium,

Badmintonhalle, Strandkorb-, Fahrrad- und Bootsverleih und Segelschule.

Restaurant

Zum Alten Fischer, Am Hafen, Breege, Tel. 03 83 91/121 89. Das gemütliche Lokal mit Blick auf den Hafen serviert Fisch nach Art der hiesigen Fischerfrauen.

28 Altenkirchen

Beschauliche Landgemeinde mit langer Tradition und Wirkungsort Gotthard L. T. Kosegartens.

An der Durchgangsstraße nach Kap Arkona liegt das ländliche Altenkirchen – kaum mehr als zwei Straßen im Schnittpunkt von zwei Alleen, welche die Halbinsel Wittow queren. Fast gleichzeitig mit der Kirche von Bergen gründeten hier die dänischen Besiedler 1168 ein zweites christliches Gemeindezentrum. Die sehenswerte **Backsteinkirche** von Altenkirchen entstand als dreischiffige romanische Basilika. Während das Hauptschiff

In Altenkirchen steht der hölzerne Glockenturm etwas abseits der Kirche

etwa 200 Jahre später durch ein gotisches mit Kreuzrippengewölbe ersetzt wurde, blieb der Chor mit Rauten- und Zahnschnittfriesen an den Außenmauern erhalten. Erst 1670 wurde der *Turm* hinzugefügt. Im *Chor* steht ein romanisches Taufbecken aus Kalkstein (um 1250), auf dem vier Gesichter die vier Ströme des Paradieses symbolisieren. Das auffallend große Kreuz, das im Hauptschiff der Kirche hängt, stammt aus dem 14. Jh. 1724 schuf der Stralsunder Bildhauer Elias Kessler den barocken Altar. Die Orgel ließ Pfarrer Kosegarten Ende des 18. Jh. aus Berlin kommen.

Vor dem Chor auf der Südseite befinden sich in einem ungewöhnlichen An-

bau, der auch Waffenkammer genannt wird, einige alte Grabsteine, darunter der sog. *Svantevitstein*, ein alter slawischer Grabstein (vor 1168) mit der Ritzzeichnung eines bärtigen Mannes mit Füllhorn. Der Stein ähnelt dem, der an der Außenseite der Marienkirche von Bergen eingemauert ist. Man vermutet, dass er einen Priester des Slawengottes Svantevit darstellt.

Wer Muße hat, sollte auch dem **Friedhof** der Kirche einen Besuch abstatten. 61 steinerne Grabwangen aus der Zeit von 1798 bis 1861 haben hier die Zeit überdauert. Hier ist auch **Gotthard Ludwig Theobul Kosegarten** (1758– 1818), der von 1792 bis 1808 als Pfarrer in Altenkirchen lebte,

Das Kupferstichporträt von Pfarrer Kosegarten schuf Johann Heinrich Lips

Pfarrer Kosegarten – Historiker, Philosoph und Heimatdichter

Niemand hatte einen so großen Einfluss auf das Geistesleben Rügens im 18. und 19. Jh. wie der Pastorensohn **Gotthard Ludwig Theobul Kosegarten** (geb. 1758 in Grevesmühlen bei Wismar). Er studierte 1775–77 in Greifswald Theologie. Zur Finanzierung des Studiums arbeitete er auf Rügen als Lehrer im Haus der Gutsherrin Charlotte von Kathen in **Götemitz** bei Rambin. Nach seinem Examen 1781 unterrichtete er zunächst an der Knabenschule von Wolgast. 1792 wurde Kosegarten Pfarrer und Gemeindevorsteher (Präpositus) in **Altenkirchen** auf Rügen, wo er bis 1808 blieb. In dieser Funktion hielt er die berühmten **Uferpredigten** in Vitt. Er ging

zu den Menschen, die aufgrund ihrer Arbeit nicht nach Altenkirchen in die Kirche kommen konnten. Diese Predigten waren ein großer Erfolg, weshalb in Folge die Kapelle in Vitt errichtet wurde. Kosegartens Haus avancierte zum Treffpunkt von einheimischen Intellektuellen und prominenten Besuchern der Insel, wie den Brüdern **Alexander** und **Wilhelm von Humboldt** oder **Friedrich Ernst Schleiermacher**. Und 1796–98 arbeitete **Ernst Moritz Arndt** [s. S. 35] bei ihm als Hauslehrer. 1808 erhielt Kosegarten von der Universität Greifswald den Ruf als Professor für griechische Literatur und Geschichte, 1817 wurde er dann zum Professor der Theologie berufen. Diese Stellung war verbunden mit dem Pfarramt von St. Jacobi in **Greifswald**. Kosegarten starb 1818 in Greifswald und wurde in Altenkirchen beigesetzt.

Das umfangreiche **Schrifttum** des für Freiheit und Vaterland eintretenden Pfarrers umfasst Gedichte und Gesänge, Übersetzungen von philosophischen und historischen Werken aus dem Englischen und Französischen wie auch Volkslieder und Legenden. Er war der Erste, die die Schönheiten Rügens in Verse fasste. Seine Romane wie ›Jucunde‹, in dem auch seine Uferpredigten im Fischerdorf Vitt wiedergegeben sind, und ›Die Inselfahrt‹, der auf Hiddensee spielt, fanden begeisterte Aufnahme beim zeitgenössischen Publikum und wurden als rügische **Heimatdichtungen** berühmt. 20 seiner Gedichte vertonte Franz Schubert zu bezaubernden Liedern.

Bis zu 200 Jahre alt sind die Grabsteine auf dem Altenkirchener Friedhof, auf dem auch Pfarrer Kosegarten im Jahr 1818 seine letzte Ruhe fand

begraben. Durch ihn, der seiner Begeisterung für Rügen literarisch Ausdruck verlieh und in dessen Haus sich zahlreiche Geistesgrößen der Zeit trafen, wurde die Gemeinde weithin berühmt.

ℹ Praktische Hinweise

Einkaufen

Atelier-Galerie Blaues Haus, Neue Str. 2 a, Altenkirchen, Tel./Fax 03 83 91/595. Das von Sonnenblumen umstandene blaue Holzhaus der Künstlerin Hanne Petrick am Ortsrand ist ein malerischer Anziehungspunkt: Gemalte Rügen-Impressionen sowie Keramik und Holzarbeiten können angeschaut und erworben werden (Mo–Sa 10–13 Uhr).

Restaurant

Gasthof zur Post, Max-Reimann-Str. 21, Altenkirchen, Tel. 03 83 91/124 03. Ein bodenständiges Lokal mit Gartenterrasse.

29 Kap Arkona

Das Nordkap der Insel, Aussichtspunkt und mystischer Ort auf kargen Klippen.

Kap Arkona ist das Wahrzeichen der Insel Rügen. Es gilt als Nordkap und seine drei Leuchttürme dienen den zur See Fahrenden als Gruß und Warnung vor Untiefen zugleich. 1895 wurde hier die erste Seenotrettungsstation Deutschlands eingerichtet.

Der Weiler **Putgarten** (300 Einw.) – der Name ist aus dem Slawischen abgeleitet und bedeutet ›unter der Burg‹ – ist Ausgangspunkt für Ausflüge zum Kap Arkona. Bis 1990 war das Gelände am Kap militärisches Sperrgebiet, aber seit der Öffnung ist der Strom der Besucher immer stärker angeschwollen. Als die Kapzone unter Blechlawinen zu ersticken drohte, ordnete man ein striktes Fahrverbot für das gesamte Areal an. Vor Putgarten nimmt ein großer **Parkplatz** Privatwagen und Busse auf. Von dort geht es dann entweder mit der **Arkona-Bahn** (Tel. 03 83 91/132 13, www.arkonabahn.de), zu Fuß, per Fahrrad (Am Parkplatz, Tel. 03 83 91/133 40) oder mit der Pferdekutsche (Tel. 03 83 91/41 90) weiter.

Das ehem. Gutshaus des kleinen Dorfes fungiert heute als Besucherzentrum namens **Rügenhof Arkona** (Dorfstr. 22, Tel. 03 83 91/40 00 , Juni–Okt. tgl. 10–19 Uhr, Nov.– Febr. tgl. 12–16 Uhr, März–Nov. tgl. 11–16 Uhr) und bietet eine Schau-Keramikwerkstatt, eine Schau-Glasbläserei, eine Steinschleiferei, einen Laden mit Rügenspezialitäten wie Sanddorn, Fischprodukten, Wurst, Brot und Käse, einen

Fischimbiss und ein Café. In einem der Gebäude wurde zudem eine **Historische Druckwerkstatt** eingerichtet. Darüber hinaus finden das ganze Jahr über zahlreiche Veranstaltungen wie Feste und Märkte statt.

Vom Rügenhof geht es gut 2 km über die kahle Hochebene zum **Kap Arkona**, wo auf 40–45 m Höhe über dem Meer die Leuchttürme aufragen. Senkrecht fällt davor die Steilküste ins Meer ab. Die Klippen bestehen in der Hauptsache aus Kreide und eiszeitlichen Geschiebemergeln, in die breite Feuersteinschichten eingeschlossen sind. Das ungeschützte Steilufer ist besonders stark von der Abtragung durch das Meer betroffen. Immer wieder kommt es zu gewaltigen Abbrüchen, die auch schon große Teile des slawischen Burgwalls der **Jaromarsburg** mitgerissen haben. Gleichwohl ist noch ein Teil des halbkreisförmigen doppelten Ringwalls, der einst den Tempelbezirk des Gottes Svantevit und sein Heiligtum umgab, zu erkennen. Mit seinen vier Gesichtern soll der hölzerne Gott von hier aus alle vier Himmelsrichtungen kontrolliert haben. Die Kultstätte bestand noch,

Slawen, Ranen und Burgwälle

Die slawische Besiedlung Nord- und Ostdeutschlands begann im 6. Jh. und dauerte im Norden bis zur Eroberung durch die Dänen im Jahr 1168 an. Die Nachfahren dieser Westslawen waren unter den Namen Sorben (in der Lausitz) und Wenden (in Norddeutschland) bekannt. In Rügen ließ sich der Slawenstamm der **Ranen** nieder. Sie waren Fischer und Jäger und betrieben Landwirtschaft. Ihre Verteidigungsanlagen schützten die gesamte Siedlung. Es wurden **Ringwälle** aufgeschüttet, innerhalb derer sich die hölzernen Wohnbauten, Wirtschaftsgebäude und Stallungen befanden. Der Eingang in die Wallanlage war besonders geschützt: Es gab sowohl Tunneltore wie auch Tortürme. Ab dem 9. Jh. sind auch verteidigungstechnisch höher entwickelte Wallanlagen bekannt, bei denen durch das Einziehen von Baumstämmen Höhen von über 10 m erreicht wurden. Auf dem Wall verhinderte ein Reisigflechtwerk den Bewuchs. Die Wallkrone wurde in einigen Fällen noch mit massiven Mauern bzw. doppelten Palisadenwänden, die mit Erdreich aufgefüllt wurden, befestigt. Als Vorverteidigung wurden zudem ca. 5 m breite Gräben ausgehoben, die sich mit Wasser füllten. In späteren Jahrhunderten dienten die Wälle jedoch meist nur noch der Verteidigung der Fürstenresidenz und des Tempeldistrikts. Auf Rügen sind 18 solcher **Burgwälle** nachgewiesen. Die bedeutendsten befinden sich in Garz und Bergen sowie am Kap Arkona.

Berichte dänischer Eroberer wie die ›Slawenchronik‹ (1163–72) des Helmold von Bosau und auch die ›Gesta Danorum‹ (= Taten der Dänen, bis 1185) des Saxo Grammaticus beschreiben recht deutlich, wie es damals dort aussah. Sie berichten von den drei Tempeln von **Garz** (Charenza), die dem siebengesichtigen Gott Rugiavit, dem fünfgesichtigen Gott Porevit und dem viergesichtigen Donnergott Porenut geweiht waren, vom Tempel in **Sagard** für den Friedensgott Pizamar und vom Tempel des Siegesgottes Tjarnaglofi auf dem **Jasmund**. Besonders detailliert schilderten die Dänen die **Tempelburg** des Gottes Svantevit auf **Kap Arkona**, die sie 1168 nach mehreren Anläufen eroberten. Ein doppelter Ringwall, der heute noch 12 m Höhe hat, schützte das Hauptheiligtum der Ranen, wobei der Ring hier wegen der Küstenlage nur aus einem Halbkreis bestand. Zwischen den beiden Wällen befanden sich Holzgebäude, in denen die Wächter des Tempels und 300 berittene Soldaten stationiert waren. Im eigentlichen Tempel, einem vermutlich quadratischen Palisadenbauwerk, in dem sich ein gemauerter Tempelturm mit dem Götzenbild befand, wurde auch der Schatz aufbewahrt, den die Dänen mit 1000 kg Silber bezifferten. Das überlebensgroße hölzerne Standbild des Svantevit soll vier Gesichter gehabt haben, mit denen er alle vier Himmelsrichtungen überblicken konnte. Obwohl die Erdwälle heute noch deutlich erkennbar sind, sind viele andere Bereiche des Tempelheiligtums längst zerstört worden. Wichtige Teile der Wälle und der Toranlage gingen bei letzten größeren Küstenabbruch im Jahr 1969 unwiederbringlich verloren.

als die Dänen 1168 die Insel eroberten und christianisierten.

Die größte Attraktion am Kap sind die Leuchttürme, zwei direkt am Kap und einer etwas südlich davon am slawischen Burgwall. Die beiden Leuchttürme am Kap wirken wie ein ulkiges ungleiches Paar. Der ältere kleinere ist der **Schinkelturm**, ein quadratischer klassizistischer Backsteinbau, der nach Plänen von *Karl Friedrich Schinkel* 1826/27 erbaut wurde. Er ist 19 m hoch und wird von einer verglasten Laternenkuppel bekrönt. Seit 1902 außer Betrieb, steht der Turm heute

Pat und Patachon – in trauter Eintracht ragen der eckige Schinkelturm und sein größerer Bruder, der Neue Leuchtturm, in den blauen Himmel am Kap Arkona

unter Denkmalschutz und beherbergt das **Museum Kap Arkona** (Tel. 03 83 91/ 121 15, Juli/Aug. tgl. 10–19 Uhr, Juni, Sept. tgl. 10–18 Uhr, April/Mai, Okt. tgl. 10–17 Uhr, Nov.–März tgl. 11–16 Uhr) zu den Themen Leuchtfeuer und Seenotrettung. Über eine gusseiserne Wendeltreppe kann man die **Aussichtsplattform** erklimmen, von der aus bei guter Sicht sogar die dänische Insel Møn zu erkennen ist. Im Turm gibt es außerdem ein **Standesamt**, das seit einigen Jahren Paare aus ganz Deutschland in romantischem Ambiente traut, unter dem Motto *Heiraten im Schinkelleuchtturm* (Tel. 03 83 91/41 90).

Direkt daneben steht der 1902 errichtete **Neue Leuchtturm** (Juli/Aug. tgl. 11–18 Uhr, Juni, Sept. tgl. 11–17 Uhr, Ostern–Mai, Okt. tgl. 11–16, im Winter geschl.), der 36 m hoch ist – ein runder Ziegelbau, dessen Leuchtfeuerraum über 175 Stufen zu erreichen ist. Von oben bietet sich eine fantastische Weitsicht. Das Signallicht des Turmes, das nachts alle 16 Sekunden aufblitzt, ist etwa 40 km weit zu sehen.

Der dritte, etwas abseits gelegene Leuchtturm ist der **Marinepeilturm** am Burgwall, der 1927 von der Reichsmarine zur Kontrolle des Ostseeverkehrs erbaut wurde. Zu Kriegsbeginn installierte man hier eines der ersten Funkpeil- und Ortungsgeräte. Der Turm wurde im Krieg zerstört und 1996 als Denkmal wieder aufgebaut. Er beherbergt ein **Ausstellungszentrum** (Juli/Aug. tgl. 11–18 Uhr, Juni/Sept. tgl. 11–17 Uhr, Ostern–Mai, Okt. tgl. 11–16 Uhr, Nov–März Fr–So 12–16 Uhr), in dem Funde der archäologischen Ausgrabungen am Burgwall sowie wechselnde Ausstellungen gezeigt werden.

Von Mitte Juli bis Mitte August wird allabendlich das klassische **Sommertheater am Kap** (Tel. 07 00 79 70 59 10, www. theatersommer-am-kap.de) veranstaltet. Die Aufführungen finden auf einer Freilichtbühne unterhalb der Leuchttürme statt, bei Regen in der Kulturscheune im Rügenhof Arkona.

Die **Königstreppe**, eine steile, solide Holztreppe, führt vom Kap über 42 m hinunter zum Ufer. Bis Anfang des 19. Jh. die erste Treppe errichtet wurde, mussten Fischer und Seeleute noch durch die rutschigen steilen Regenwasserrinnen hinabsteigen. Der schmale Uferstreifen ist ein Geröllfeld voller aus der Kreide ausgewaschener Feuersteine. Südlich des Burgwalls führt ein weiterer Stufenweg, die Veilchentreppe, zum Ufer und zu einem kleinen steinigen Badestrand hinunter.

Der tatsächlich nördlichste Punkt Rügens ist jedoch nicht Kap Arkona, sondern der Ufervorsprung von Gellort, ein wenig nördlich vom Kap an den Hohen Dielen, dem Steilufer der Nordküste. Davor liegt in der Ostsee ein gewaltiger Findling, der *Siebenschneiderstein*. Mit einem Volumen von etwa 61 m³ und einem Gewicht von 165 t ist er einer der größten in den Gewässern Rügens.

 Praktische Hinweise

Information

Informationsamt Kap Arkona, Am Parkplatz 1, Putgarten, Tel. 03 83 91/41 90, Fax 03 83 91/419 17, www.kap-arkona.de

Hotel

Zum Kap Arkona, Dorfstr. 22 a, Putgarten, Tel. 03 83 91/43 30, Fax 03 83 91/433 51, www.zum-kap-arkona.de. Ruhige Hotelpension. Das Restaurant hat eine Panoramaterrasse.

30 Vitt

Malerisches Fischerdorf mit viel besuchter Kapelle.

Als Vitt oder Vitte bezeichnete man früher die Quartiere, die die Fischer während der Heringsfangsaison bewohnten. Hier salzten sie auch die Beute ein und legten sie in Tonnen. Noch heute wird mancher Fisch auf diese Weise konserviert, doch die Spezialitäten am Strand von Vitt sind inzwischen die auf Buchenholz geräucherten Heringe, Flundern, Aale und Dorsche. Sie werden bei 60° C in den Rauchfang gehängt, je nach Größe für 2–3 Stunden, und so erhalten sie ihren unverwechselbaren Vitter Geschmack.

Der Fischfang bestimmt Alltag und Geschichte des kleinen denkmalgeschützten Dorfes an der Wittower Ostküste, kaum 2 km unterhalb von Kap Arkona. 13 einfache rohrgedeckte Fischerkaten ducken sich in eine Mulde am steinigen Ostseestrand. Statt Nummern tragen sie runenartige Kennzeichen, jedes Symbol steht für ein Haus und wird auch auf Vieh und Besitz eingebrannt. Das malerische Ensemble liegt innerhalb der verkehrsberuhigten Zone des Kaps. Zu Fuß ist es über einen 1,5 km langen Hochufer-Wanderweg von der Jaromarsburg aus zu erreichen. Vom 3 km entfernten *Putgarte-*

Kirche in bester Aussichtslage – die hübsche achteckige Kapelle ließ Pfarrer Kosegarten Anfang des 19. Jh. für die Heringsfischer von Vitt erbauen

ner Parkplatz wird es jedoch auch mit dem Pendelbähnchen angefahren. Folglich drängeln sich im Sommer zahlreiche Touristen in den wenigen Gassen.

In Vitt gab es bis Anfang des 19. Jh. keine Kirche, die Fischer mussten sonntags bis nach Altenkirchen zum Gottesdienst laufen. Während der Zeit des Heringsfangs war es jedoch wichtig, das Meer stets im Blick zu haben, um die Heringsschwärme, die am Kap vorbeizogen, rechtzeitig zu sichten und um gegebenenfalls sofort auszufahren. Daher kam Pfarrer Kosegarten des Sonntags aus

Nach der letzten Renovierung der Vitter Kapelle 1990 schuf ein italienischer Künstler das großflächige Fresko mit dem hl. Christophorus an der Eingangswand

Altenkirchen zu ihnen und hielt unter freiem Himmel seine *Uferpredigten*, die die Fischer hören konnten, ohne das Meer aus dem Auge zu lassen. Später sammelte Kosegarten Geld für den Bau der schlichten achteckigen **Kapelle** (1806–16) mit dem Rohrdach, die noch heute der Stolz von Vitt ist. Sie steht auf einem Plateau hoch über dem Fischerdorf und zieht Besucher aus nah und fern an. Für das *Altarbild* hatte Kosegarten seinen einstigen Schüler, den Maler Philipp Otto Runge, gewonnen, der in Hamburg lebte. Dieser schuf ein Bild der Hoffnung: Es stellt den Fischer Petrus dar, der sich im aufgewühlten Meer an den Rettung verheißenden Jesus klammert. Doch Runge starb schon 1810 und das Bild blieb in Hamburg (heute Hamburger Kunsthalle). Für die Vitter Kapelle fertigte der Stralsunder Maler Erich Kiefer 1893 eine Kopie von Runges Werk an. Neueren Datums ist das Fresko ›Menschen im Sturm‹, das der Italiener Gabriele Mucchi nach der Renovierung 1990 an die Eingangswand malte. Auch diese Komposition thematisiert die schicksalhafte Verbundenheit der Küstenbewohner mit dem Meer. Auf der einen Seite ist der hünenhafte Christophorus zu sehen, der den Jesusknaben sicher über das Wasser trägt, auf der anderen Seite stehen die Dorfbewohner am Ufer und halten nach Fischerbooten Ausschau, die im aufgewühlten Meer wie Papierschiffchen hin- und hergeschleudert werden.

Riesenberg von Nobbin

An der Küste südlich von Vitt weist ein kleines Schild am Gasthaus Nobbin auf eine der größten jungsteinzeitlichen Grabanlagen Rügens hin, den Riesenberg von Nobbin. Dabei handelt es sich um ein etwa 4500 Jahre altes Megalith- oder Hünengrab mit zwei Grabkammern. Es befindet sich in einem sog. *Hünenbett*, d. h. einem von Findlingen markierten trapezförmigen Areal (34 m lang, 8–11 m breit), an dessen südlichem Ende zwei große Wächtersteine stehen. Bei der archäologischen Untersuchung 1970 wurden zwei Schädel und Pfeilspitzen aus Feuerstein sowie einige Skelette, die erst um 300 v. Chr. in das Grab gelegt wurden, gefunden. Das Großsteingrab, von dem schon Caspar David Friedrich fasziniert eine Reihe von Skizzen anfertigte, ist von Buschwerk überwuchert. Eine Tafel informiert über Details der uralten Anlage.

ℹ Praktische Hinweise

Hotel

Gasthaus Nobbin, 3 km nördl. von Altenkirchen, Tel. 03 83 91/120 88, Fax

Etwa 4500 Jahre alt ist der sog. Riesenberg von Nobbin, ein von Findlingen umstandenes Hünengrab, in dem noch um 300 v. Chr. Menschen bestattet wurden

03 83 91/120 87, www.gasthausnobbin.de. Auf der Straße zum Kap Arkona gelegenes Hotel mit hellen, gemütlichen Zimmern (auch behindertengerecht). Im Restaurant wird regionale bodenständige Küche serviert.

Restaurant

Zum goldenen Anker, Vitt, Tel. 03 83 91/121 34. Beliebter Dorfgasthof, im Sommer das Ziel vieler Ausflügler. Besonders gut: die Fischsuppe ›Vitte‹.

31 Bakenberg und die Nordküste

Einsame Steilküsten und weitläufige Strände an Rügens Nordufer.

Vom Kap Arkona nach Westen gibt es einen herrlichen Wander- und Fahrradweg entlang des unter Naturschutz stehenden Steilufers, das von einem schmalen Buchenforst gesäumt wird. Nach etwa 6 km flacht das Ufer ab, es wird breiter und sandig. Hier liegt ein Märchenwald genannter Buchenhain. Nach 1 km ist dann der große Kiefernforst der Schwarbe erreicht, der sich 5 km bis zum **Bakenberg** mit seinem ca. 30 m breiten, einladenden Sandstrand erstreckt. Von hier bis Nonnewitz zog sich zu DDR-Zeiten das größte Erholungsgebiet Rügens hin. Im Küstenwald wurden mehrere Ferienhaussiedlungen und das riesige Regenbogen-Camp angelegt. Und auch heute erfreut sich der Bakenberg bei Badeurlaubern großer Beliebtheit.

Am Bakenberg, am Übergang von Nord- zu Nordwestküste, beginnt das neu ausgewiesene **Naturschutzgebiet Nordwestküste**. Die mit spärlichem Magerrasen, Salzastern und Stranddisteln bewachsenen Kliffdünen dürfen von Spaziergängern nicht betreten werden. In der sich an den Küstenwald anschließenden Kreptitzer Heide wurden deshalb hölzerne Gehsteige, Aussichtsplateaus, einige Schutzhütten und mehrere Treppenabgänge zum Ufer angelegt. Der meist einsame, schöne Höhenweg am Ufer führt noch weiter bis Dranske.

ℹ️ Praktische Hinweise

Camping

Regenbogencamp Nonnevitz, Nonnevitz 13, Tel. 03 83 91/890 32, Fax 03 83 91/

87 65, www.regenbogen-camp.de. Groß angelegter Platz auf der Halbinsel Wittow im Mischwald direkt an der Ostsee. Kinderfreundlicher flacher Sandstrand und großer FKK-Strand. Beachvolleyballfeld und Fahrradverleih.

Unterkunft

Ferienresidenz Rugana am Bakenberg, Nonnevitz 25 a–b, Tel. 03 83 91/91 40, Fax 03 83 91/914 14, www.rugana.de. Geschmackvolle Ferienapartments in Landhäusern auf großzügigem Gelände. Der Ostseestrand liegt in kurzer Entfernung jenseits des Küstenwaldes. In der Anlage gibt es das Restaurant *Rugana*. Hallenbad und Fitnessraum, Sauna, Solarium und Dampfbad gehören zum Resort. Ein Fußballplatz, ein Fahrradverleih und ein Ableger des *Uni Surf Teams Rügen* in Dranske komplettieren das Freizeitangebot.

Heidehof, Kreptitzer Heide, Nonnevitz 15, Tel. 03 83 91/91 30, Fax 03 83 91/913 33, www.ferienpark-heidehof.de. Der rustikale Gasthof mit schöner Terrasse am Waldrand bietet gute bodenständige Speisen. Die hübschen Pensionszimmer eignen sich besonders für Badegäste, da der herrliche breite Sandstrand nur 100 m entfernt ist.

32 Dranske und Bug

Ein ausgedienter Marinestützpunkt setzt neu auf seine Naturlandschaft.

Dranske liegt an der Spitze der großen Landzunge im Nordwesten von Wittow – vis-à-vis von Hiddensee. Der Ort wurde schon im 14. Jh. urkundlich erwähnt, aber von seinen historischen Wurzeln ist wenig erhalten. Seine Geschichte ist eng mit dem südlich gelegenen früheren Marinestützpunkt auf dem Bug verbunden. Während am Ortseingang eine Reihe von alten rohrgedeckten Wohnstallhäusern und Scheunen die Straße säumen, ist das gesamte Zentrum von kasernenartigen Bauten der 1930er-Jahre geprägt, die inzwischen renoviert und in fröhlich-kräftigen Farben gestrichen wurden. Er geriet in Not, als mit Schließung der Militäranlagen 1990 fast alle Einwohner arbeitslos wurden und die Gemeinde Bankrott anmelden musste. Zumindest kurzzeitig neue Hoffnung brachte das anvisierte Ferienprojekt auf dem Bug, das den Ausbau des kleinen Hafens und einen bescheidenen Tourismus in Aussicht stellte [s. u.].

Am südlichen Ortsende von Dranske geht die Halbinsel in eine lange schmale Nehrung – halb Straße, halb Parkplatz – über, die zur Meerseite einen schönen **Strand** hat, aber nach ca. 1,5 km – dort wo sich die Landzunge wieder verbreitert – durch eine Schranke abgesperrt wird. Dahinter beginnt die Sperrzone, welche die fast 10 km lange Halbinsel **Bug** umfasst. Schon von der Kaiserlichen Marine vor rund 80 Jahren eingerichtet, wurde sie von der Reichswehr ausgebaut und diente später als Stützpunkt der 6. Flottille der DDR-Marine. Auf dem Gelände dieses größten Marinestützpunkts der DDR sollte der Ferienpark *BUG Baltic Sea Resort* mit mehreren Hotels, und einer Marina entstehen. Im Januar 2001 hat das Bundesvermögensamt das 225 ha große Gelände der *Bug GmbH & Co KG* überschrieben, eine Realisierung des Projekts ist allerdings bislang nicht in Sicht.

Der Bug selbst ist ein lang gezogenes Schwemmland, an dessen Außenküste ständig neuer Sand angelandet wird, da sich im Bereich zwischen der Insel und Hiddensee die Strömung verlangsamt. Die Fahrrinnen des Rassower Stroms, der vom Wieker Bodden südlich am Bug vorbei in den Vitter Bodden vor Hiddensee verläuft, müssen regelmäßig ausgebaggert werden, um die für die Schifffahrt nötige Tiefe zu erhalten. Der südliche Teil des Bug, der nur noch aus Dünen, Sandflächen, Salzwiesen und einer karg-schönen Heidelandschaft besteht, gehört zur *Kernzone* des **Nationalparks Vorpommersche Boddenlandschaft**. Er ist streng geschützt, damit Pflanzen- und Tierwelt weitgehend ungestört bleiben, und darf nur im Rahmen von Führungen (3-stündige Wanderung, Anmeldung bei der Tourist-Information in Dranske unter Tel. 03 83 91/87 30) betreten werden.

Lancken

Etwa 2 km nordöstlich von Dranske, von der Landstraße Richtung Kuhle durch eine Stichstraße zu erreichen, liegt Lancken mit seiner neuen Feriensiedlung. Was heute neben dieser Anlage wie ein Wäldchen anmutet, geht auf die *Gutsherren von der Lancken* zurück, denen ganz Wittow gehörte. Anfang des 18. Jh. ließen sie ein neues Gutshaus und einen barocken **Gutspark** anlegen. Die Zufahrt liegt an der Westummauerung des ca. 3 ha

großen Parks, die von einer uralten dreireihigen Lindenallee gesäumt wird. Die Mauer besteht aus Findlingen. Parallel dazu gibt es im Inneren des Parks eine weitere Lindenallee, die ihn in zwei Hälften teilt. Sie bildet die zentrale Sichtachse vom Herrenhaus zum Bodden. Das Gutshaus steht verlassen am Nordrand des Areals. Es ist aus solidem Backstein mit einem hohen Walmdach gebaut, aber es gibt keine Pläne für seine Nutzung, sodass ihm der Verfall droht. Zwischen den Alleen ist der Park verwildert und zugewachsen, aber an einigen Stellen lassen sich noch Buxbaum und Ziersträucher entdecken, die bis zum Beginn des 20. Jh. von Gärtnern gepflegt wurden.

Kuhle

Am nördlichsten Punkt des Wieker Boddens liegt der Weiler Kuhle. Hier befinden sich ein winziger netter Hafen mit einem herrlich duftenden Räucherfischkiosk, eine Meerwasserentsalzungsanlage und das älteste Wirtshaus der Insel, der *Schifferkrug*. Schon von weitem ist die Wetterfahne auf dem Dach der Wirtschaft zu sehen, in der schon seit 1455 Bier ausgeschenkt wird. Nördlich von Kuhle sind in der Nähe von Starrvitz noch steinzeitliche Großsteingräber zu besichtigen.

ℹ Praktische Hinweise

Information

Fremdenverkehrsamt, Max-Reichpietsch-Ring 1, Dranske, Tel. 03 83 91/890 07, Fax 03 83 91/894 24, www.dranske.de

Tourist-Information, Nonnevitz 13, Dranske, Tel. 03 83 91/87 30, Fax 03 83 91/81 27

Sport

Reit- und Zuchthof Pätzold, Starrvitz, Tel. 03 83 91/82 33, Fax 03 83 91/935 78, www.reiterhof-paetzold.de. Reiterhof mit Ferienwohnungen. Ausritte am Strand, in der Heidelandschaft der Nordküste und über die freien Felder des Windlands. Reiterferien auch für Kinder.

Uni Surf Team Rügen, Am Ufer 14, Dranske, Tel. 03 83 91/898 98, www.ustruegen.de. Surfbretter, Jollen, Fahrräder, Tret-Go-Karts, Inlineskates können gemietet werden; Kurse für Windsurfer, Segler und Inlineskater lassen Sportliche auf ihre Kosten kommen.

Hotel

Am Teich, Lancken, Tel. 03 83 91/91 50, Fax 03 83 91/91 51 33, www.amteich.de. Ferienwohnungen in zwei neuen Landhäusern mit Rohrdächern und Klinkerfassaden in gepflegter Gartenanlage. Sauna, Dampfbad, Fitnessraum sowie Tischtennis und Fahrradverleih gehören dazu. 800 m vom Ostseestrand entfernt.

33 Wiek

Bodenständiger Hafenort mit weitem Blick auf Bodden und Bug.

Wiek heißt Bucht und so heißt auch der Hauptort am Bodden. Abseits der großen Durchfahrtsstraße zum Kap liegt er an einem der schönsten *Radwege* Rügens, der von der Wittower Fähre aus die Boddenküste entlangführt. Der kleine Ort Wiek war bis ins 19. Jh. ein wichtiger Hafenplatz für die Handelsschiffe, die von der offenen Ostsee in die ruhigen Boddengewässer einfuhren. Die niedrigen, z. T. rohrgedeckten Gebäude des Ortes sind zum Wasser hin orientiert. Im **Hafen** von Wiek ist noch das Gerippe einer alten, nach dem Ersten Weltkrieg gebauten Kreideverladebrücke zu sehen. Der Plan, die am Kap Arkona abgebaute Kreide mit einer Kleinbahn zum Wieker Hafen zu bringen und dort zu verschiffen, wurde nie realisiert. Der Hafen wird derzeit zu einem Sport- und Jachthafen ausgebaut.

Schon von weit her sieht man den verzierten gotischen Giebel der leicht erhöht stehenden Pfarrkirche **St. Georg** von Wiek. Der harmonische Kirchenbau entstand um 1400. Anstelle des durch einen Blitz zerstörten Kirchturms wurde um 1600 ein frei stehender Glockenturm errichtet. Besonders sehenswert ist das *Dachgestühl* der Kirche, zu dem man auf einer engen Stiege hinter der Orgelempore hinaufsteigen kann. Auf den Gewölben des Langhauses stehend sieht man die eindrucksvolle Balkenkonstruktion, die das hohe Dach stützt. Von der gotischen *Innenausstattung* ist nur die ungewöhnliche Holzplastik des hl. Georg zu Pferd (um 1500) erhalten, die wie eine zu groß geratene Spielzeugfigur anmutet. Im 18. Jh. wurde der gotische Hochaltar durch einen barocken aus der Werkstatt des Stralsunders Michael Müller ersetzt. Er wird flankiert von frei stehenden Figuren des Moses, Aaron, Paulus und Johannes. Aus derselben Epoche stammt auch der barocke Beichtstuhl. 1826 wurden unter Pastor Theodor Schwartz die Kanzel, das heutige Kirchengestühl, die Emporen sowie die Stettiner Orgel eingebaut.

Bekannt wurde Wiek vor allem durch sein **Kinderkurheim**, das im Jahr 1929 nach Plänen des Bauhausschülers Waldo Wenzel am Südende des Ortes erbaut wurde. Die lang gestreckten, weiß gestrichenen 26 Holzbauten im sog. Floridastil stehen unter Denkmalschutz. 1990 wurden sie von der AOK übernommen.

Wittower Fähre

Schon vor 500 Jahren gab es einen Fährdienst zur Überquerung der etwa 350 m breiten Wasserstraße 8 km südlich von Wiek, welche die Boddenkette im Inneren Rügens mit dem offenen Meer bzw. dem Wieker Bodden verbindet. Größere Fährschiffe, die Wagen und – bis zum Jahre 1971 – sogar die Züge der Rügenschen Kleinbahn übersetzen konnten, verkehren erst seit 1896. Die Wittower Fähre (*Weisse Flotte GmbH*, tgl. 6–19 Uhr, in der Hauptsaison bis 21 Uhr, Tel. 01 80/321 21 20, www.weisse-flotte.com) ermöglicht nach wie vor die schnellste Verbindung vom Süden Rügens zur Halbinsel Wittow, wenngleich in der Saison mit Wartezeiten gerechnet werden muss.

ℹ Praktische Hinweise

Information

Tourismusinformation, Am Markt 5, Wiek, Tel. 03 83 91/768 70, Fax 03 83 91/768 71, www.wiek-ruegen.de

Hotels

Alt-Wittower Krug, Gerhart-Hauptmann-Str. 7, Wiek, Tel. 03 83 91/76 00, Fax 03 83 91/76 07 60, www.alt-wittowerkrug.de. Hotel mit Restaurant am Dorfteich von Wiek. Geschmackvolle, schlichte Einrichtung im Landhausstil. Täglich steht frischer Fisch auf der Speisekarte.

Herrenhaus Bohlendorf, Bohlendorf 6, Wiek, Tel. 03 83 91/770, Fax 03 83 91/702 80, www.herrenhaus-bohlendorf.de. Gepflegtes Hotel mit gehobenem Restaurant in einem Gutshof von 1794, schöner Wintergarten mit Blick in den großen, öffentlich zugänglichen Landschaftspark.

Zur Wittower Fähre, Wittower Fähre 9, Wiek, Tel. 03 83 91/703 34, Fax 03 83 91/705 77, www.pension-wittow.de. Freundliche Pension und gemütliches Restaurant mit Terrasse an der Boddenküste.

Westrügen und Hiddensee – Naturreservat, Kranichrefugium und meerumspülte Inselwelt

Wer Einsamkeit, Naturnähe und wirkliche Erholung sucht, wird im beschaulich-ruhigen Westrügen seine Erwartungen erfüllt sehen. In der Nähe von **Gingst** mit seinem bildschönen Dorfanger tönt auf der Insel **Ummanz** in die Dämmerung hinein das zigtausendfache Trompeten der majestätischen Kraniche, die im Frühjahr und Herbst in dieser Gegend ihre Art von Urlaub machen. Ein Spaziergang am Strand, ein Weg über den Deich, der weite Blick vom hölzernen Grümbke-Turm am **Großen Jasmunder Bodden**, ein Besuch in **Ralswiek** bei den Störtebeker-Festspielen und ein Ausflug zur sandig-rauen Inselwelt von **Hiddensee** – der Westen Rügens hat weit mehr zu bieten, als gemeinhin angenommen!

34 Ralswiek

Der Ort wird zur Bühne – Schloss und Bodden fungieren als imposante Kulisse.

In Ralswiek (300 Einw.), malerisch an einer Bucht des Großen Jasmunder Boddens gelegen, geht es bis auf die Störtebeker-Festspielzeit im Sommer heute sehr geruhsam zu. Vor wenigen Jahrzehnten brachten Ausgrabungen mit umfangreichen Funden von orientalischen Silbermünzen (5.–9. Jh.) und Wrackteilen von Ranenschiffen (9.–12. Jh., im Museum für Unterwasserarchäologie in Sassnitz zu sehen) zutage, dass hier einst einer der wichtigsten Seehandelsplätze der Ranen lag. Nach der Eroberung Rügens durch die Dänen 1168 ließ sich der dänische Landpropst in Ralswiek nieder. Der am Hafen stehende **Propsteihof** wurde 1610 durch ein Herrenhaus ersetzt, als die Ländereien in die Hände des Adelsgeschlechts der Barnekow übergingen. Heute wird das rohrgedeckte Gebäude dennoch wieder Propsteihof genannt.

Im Jahr 1891 erwarb *Graf Hugo Sholto Douglas*, einer der größten Grundherren der Insel, die Ländereien der Barnekows. An exponierter Stelle mit Blick auf den Bodden baute er 1893 das repräsentative, von zwei Rundtürmen mit Kegeldach flankierte **Schloss Ralswiek** im Neorenaissancestil, wobei wohl die französischen Loire-Schlösser Pate gestanden haben. Eine Gaube mit Schaugiebel betont die Mittelachse an der dem Bodden zugewandten *Ostfassade*. Auf der rückwärtigen Seite überragt ein weiterer *Turm* markant den Haupteingang. Die Familie Douglas lebte bis zu ihrer Enteignung 1946 im Schloss. Zu DDR-Zeiten wurde es als Pflegeheim genutzt. Inzwischen dient es komplett restauriert als Schlosshotel [s. S. 96] mit Wellness-Angebot. Umgeben ist das Bauwerk von einem **Park** mit uraltem und seltenem Baumbestand.

Auf Graf Hugo geht auch die reizende kleine **Schwedenkapelle** am Rand von Ralswiek zurück. Sie war ein Geschenk des Grafen für die Gemeinde. Er hatte sie auf der Weltausstellung 1907 in Stockholm entdeckt, kaufte sie und ließ sie nach Ralswiek verpflanzen.

Im unteren Bereich der leicht abfallenden Grünfläche zwischen Schloss und Boddenküste wurde Ende der 1950er-

◁ *Wunderbar stimmige Komposition von Landschaft und Architektur – der schlanke Hiddenseer Leuchtturm auf dem Dornbusch*

1893 ließ Graf Hugo Sholto Douglas das imposante Schloss Ralswiek errichten

Jahre eine **Freilichtbühne** errichtet, die sich direkt am Ufer befindet und von eindrucksvollen Bühnenaufbauten gerahmt

Kurzerhand ließ Graf Hugo die anmutige hölzerne Schwedenkapelle 1907 von Stockholm nach Ralswiek verpflanzen

wird. Das kleine Hafenbecken dahinter ermöglicht sogar die Einbeziehung von Segelschiffen ins Theatergeschehen. Die malerische Kulisse wurde von Theaterdirektor Hans Anselm Perten genutzt, um die ›Ballade von Klaus Störtebeker‹ des populären Dichters Kurt Barthel in Szene zu setzen. In den Jahren 1960/61 und nochmals 1980/81 gab es insgesamt etwa 300 Vorstellungen mit 670 000 Zuschauern. Nach einer Unterbrechung von über zehn Jahren wurde 1993 diese Tradition wieder aufgegriffen. Seitdem wird jeden Sommer zehn Wochen lang eine Episode aus dem Leben des legendären Volkshelden *Klaus Störtebeker* gespielt. Über 100 Mitwirkende, vier Segelschiffe, etwa 30 Pferde und ausgeklügelte Spezialeffekte machen die **Störtebeker Festspiele** [s. S. 96] mit Vorprogramm und abschließendem Feuerwerk zu einem großartigen, unvergesslichen Erlebnis.

Die Umgebung von Ralswiek mit der weiten, ruhigen Boddenlandschaft eignet sich für herrliche Wanderungen und Fahrradausflüge. Westlich führt eine kleine Straße über Gnies nach **Patzig**. Hier kann man ein technisches Denkmal, das **Mühlenmuseum** (Dorfstr. 3, Tel. 038 38/ 31 36 65, Di–So 10–17 Uhr), erkunden. Die Motormühle mit ihrer ausgeklügelten

In aufwendiger Kulisse inszeniert an Sommerabenden die Ralswieker Freilichtbühne mitreißend das Leben und Treiben des Piraten Klaus Störtebeker

Das abenteuerliche Leben des Klaus Störtebeker

Schon im Mittelalter waren die **Piraten** eine große Gefahr für Händler und Seereisende, denn sie überfielen Handelskoggen und Hafenorte. Für die kleinen Leute hingegen, von denen nichts zu holen war und auf deren Hilfe sie häufig für Informationen, Verstecke und Lebensmittel angewiesen waren, bedeuteten sie keine Bedrohung. Diese brachten ihnen sogar viel Sympathie entgegen. Der berühmteste der Piraten des Ostseeraums war der Bauernsohn **Klaus Störtebeker** (um 1340–1402). Man sagt, er sei auf dem Gut Ruschvitz bei Bobbin auf Rügen geboren. Als Knecht wurde er für ein geringfügiges Vergehen von seinem Bauern hart bestraft, leistete aber heftige Gegenwehr und floh.

Als Anführer der sog. **Vitalienbrüder** begann er bald darauf seine Piratenkarriere: Als Königin Margarete von Dänemark 1389–92 mit ihren Truppen **Stockholm** belagerte und aushungerte, schaffte es eine Gruppe von mutigen Männern im Auftrag des Königs Albrecht von Schweden und unter Führung von Klaus Störtebeker und Gödeke Michels, mit Schiffen den Belagerungsring zu durchbrechen und die Bevölkerung mit Lebensmitteln (Viktualien oder Vitalien) zu versorgen. Nach dieser Heldentat wurden sie als **Freibeuter** vom Herzog von Mecklenburg eingestellt, der in beständigem Krieg mit den Dänen lag. Aber der Friedensschluss von 1395 nahm den Freibeutern ihre Erwerbsgrundlage und sie begannen auf eigene Rechnung Schiffe zu überfallen, zumeist Handelskoggen der immer mächtiger werdenden Hanse. Unzählige Legenden ranken sich um die erfindungsreichen Piraten. Viele beinhalten – wie die Geschichten über Robin Hood –, dass sie zwar den Reichen nahmen, aber den Armen davon abgaben. **Likedeeler**, Gleichteiler, wurden sie auch genannt, da sie ihre Beute untereinander gerecht aufteilten. In einer Schlucht bei Sassnitz sollen sie ihr Versteck gehabt haben. Aber das wilde Leben dauerte nur wenige Jahre. 1401 wurde Klaus Störtebeker gefasst, gerichtet und 1402 in Hamburg geköpft. Es heißt, dass danach ein armer Tagelöhner den Mast an Störtebekers Schiff ausgewechselt habe und das Innere hohl und voller Goldmünzen vorgefunden habe. Aber auch das ist wohl nur Legende …

Technik ersetzte eine alte Windmühle und war von 1946 bis 1999 in Betrieb.

Gut 1 km westlich von Patzig liegt bei Woorke ein bronzezeitliches Gräberfeld, das **Woorker Berge** genannt wird, da es aus 14 von Bäumen und Büschen überwachsenen, 6–8 m hohen Hügeln besteht.

ℹ Praktische Hinweise

Information

Störtebeker Festspiele, Am Bodden 100, Ralswiek, Tel. 038 38/311 00, Fax 038 38/31 31 92, www.stoertebeker.de. Es fahren Busse von Sassnitz, Binz, Sellin und Thiessow und Boote von Breege, Reservierung ist angeraten.

Unterkunft

Klaus Störtebeker, Dorfstr. 11, Jarnitz, Ralswiek, Tel. 038 38/809 70, Fax 038 38/40 45 03, www.pension-stoertebeker.de. Pension und Gaststätte im Ortsteil Jarnitz. Die modern ausgestatteten Zimmer blicken ins Grüne. Ein kurzer Fußweg führt zum Bodden.

Schlosshotel Ralswiek, Parkstr. 35, Ralswiek, Tel. 038 38/203 20, Fax Tel. 038 38/203 22 22, www.schlosshotel-ralswiek.de. Das restaurierte Schloss liegt mitten im Park oberhalb der Naturbühne. Die Inneneinrichtung ist z. T. von Henry van de Velde entworfen. Wellnessangebote und Restaurant.

Zum Schlossgarten, Parkstr. 44, Ralswiek, Tel. 038 38/311 40, Fax 038 38/31 14 19, www.zum-schlossgarten.de. Familiäre Atmosphäre zeichnet die moderne Pension am Park mit hübschen Gästezimmern und Apartments aus. Im Restaurant wird gutbürgerliche Küche geboten.

Restaurants

Zum Störti, Am Bodden 100, Ralswiek, Tel. 038 38/31 10 18. Gasthaus neben der Naturbühne mit deftiger regionaler Küche. An Wochenenden gibt es Tanzparties.

35 Gingst

Um einen schönen Dorfanger angelegter Ort mit kurzweiligen Touristenattraktionen.

Als slawisches Ghynxt wurde das Dorf schon 1232 erwähnt. 1774 ging es dann in die Geschichte ein, weil Pastor Johann Gottlieb Picht mit Erlaubnis der schwedischen Regierung als Erster auf Rügen die

Historische Handwerkerstuben in Gingst – das rohrgedeckte alte Efeuhaus mit der hübsch bemalten Tür lädt zu einem Besuch des Museums ein

Leibeigenschaft aufhob. Außerdem waren in Gingst einst die meisten und wichtigsten Handwerksbetriebe Rügens ansässig – vor allem die Damastweberei genoss einen guten Ruf. 1950 aber vernichtete ein verheerendes Feuer Teile des alten Ortskerns. Gleichwohl gehört noch heute der breite begrünte **Marktplatz** mit seinen Geschäften und Gasthöfen zu den hübschesten Rügens. Die große Kirche **St. Jakobi** an der Ostseite des Platzes wurde im 15. Jh. als dreischiffige gotische Hallenkirche erbaut. Imposant ist der mächtige gotische Turm, der mit einer barocken Haube abschließt. Nach einem Brand 1726 in ihren klaren Originalformen wieder errichtet, erhielt die Kirche im Inneren eine qualitätvolle Barockausstattung. Die prächtige Orgel wurde 1790 vom Silbermann-Schüler Christian Kindt geschaffen und wird regelmäßig für Konzerte genutzt.

Die beiden interessantesten Gebäude von Gingst liegen jedoch an der Durchgangsstraße nach Ummanz. In einem Rauchhaus aus dem 17. Jh. und dem benachbarten sog. Efeuhaus (um 1750) wurde das Museum **Historische Handwerkerstuben** (Karl-Marx-Str. 19/20, Tel. 03 83 05/304, www.historische-handwerkerstuben-gingst.de, Juni–Aug. tgl. 10–17 Uhr, Mai, Sept. Mo–Sa 10–17 Uhr, Okt. Mo–Sa 10–16 Uhr, Nov.–April Mo–Fr 10–17 Uhr) eingerichtet. Allein die alten rohrgedeckten Häuschen sind einen Besuch wert. Innen werden – liebevoll arrangiert – traditionelle Geräte von Schuhmachern, Schneidern, Böttchern, Salzwerkern, Sattlern, Webern, Töpfern und Weißnäherinnen präsentiert. Im Gartenhaus haben sich eine Töpferei und das reizendste aller Rügener Cafés niedergelassen, dessen gemütlicher Gastraum und adrette Gartentische unter alten Obstbäumen zu jeder Tageszeit einladend sind. Und im Museumshof findet samstags der einzige *Ökomarkt* Rügens statt.

Anziehungspunkt für Familien ist der **Rügen-Park** (Mühlenstr. 22 b, Tel. 03 83 05/500, www.ruegenpark.de, Mitte April–Juni Di–So 10–18 Uhr, Juli/Aug. tgl. 10–19, Do 10–22 Uhr, Sept./Okt Di–So 10–17 Uhr), eine Kombination aus einem Miniatur-Nachbau der Denkmäler der Welt im Maßstab 1 : 25 und einem Kinder-Vergnügungspark mit Riesenrutsche, Wildwasserrondell u. a. Das überschaubare Gelände liegt in der schönen Parklandschaft der Udarser Wiek im sich westlich an Gingst anschließenden Ortsteil Kapelle

Traditionelle Schuhmacherwerkstatt im Gingster Museum

ℹ️ Praktische Hinweise

Information

Tourismusverein West-Ruegen, Karl-Marx-Str. 9a, Gingst, Tel./Fax 03 83 05/531 98, www.westruegen.de

Zimmervermittlung, Markt 11, Gingst, Tel. 03 83 05/553 46, Fax 03 83 05/553 47, www.zv-ruegen.de. Private, sehr gut organisierte Agentur.

Hotel

Boldevitzer Rügenkaten, Dorfstr. 17, Boldevitz, Tel. 038 38/31 39 76, Fax 038 38/31 36 21, www.boldevitz.de. Abseits der Straße Gingst–Bergen liegt in einem weitläufigen Landschaftspark das barocke Herrenhaus Boldevitz, in dessen Nachbarschaft mehrere rohrgedeckte Backsteinkaten zu geschmackvollen Luxus-Ferienwohnungen ausgebaut sind. Anlage mit Reithalle und Tennisplätzen.

Der Antwerpener Schnitzaltar aus dem 16. Jh. ist das prunkvollste Ausstattungsstück der Marienkirche von Waase

Restaurant

Zum Dorfkrug, Markt 8, Gingst, Tel. 03 83 05/261. Bodenständiges Wirtshaus am Dorfanger mit guter einheimischer Küche und freundlichem Service.

36 Waase

Das Eingangstor zur Insel Ummanz hütet einen wunderschönen Kirchenschatz.

Seit 1901 führt eine Brücke über den Focker Strom von Rügen auf die Insel **Ummanz**. Am Ende der 250 m langen Brücke liegt zwischen alten Bäumen das denkmalgeschützte Ensemble von Waase mit Kirche, ehem. Küsterei, Pfarrhaus, rohrgedeckter Scheune und Pferdestall.

Die Mitte des 15. Jh. erbaute und im 17. Jh. umgestaltete **Marienkirche** ist nicht sehr groß, hat aber eine ansprechende Fassade mit gotischen Blendbögen und einen kleinen Dachreiter. Im Inneren steht der prächtigste Altar Rügens, ein äußerst kunstvoller **Antwerpener Schnitzaltar** von 1520. Er befand sich bis 1708 in der Stralsunder Nikolaikirche, wurde jedoch anlässlich der barocken Neugestaltung von dort entfernt. Thema und Stil des Altars lassen vermuten, dass er vom Antwerpener Jan van Dornicke gefertigt wurde. Der geschnitzte Mittelteil mit goldgefassten Figuren wird von sechs beidseitig bemalten Klappflügeln gerahmt. Die drei oberen Schnitzfelder stellen die Passion Christi dar, wobei das mittlere Feld mit der Kreuzigung die beiden seitlichen überragt. Die unteren Felder illustrieren Episoden aus dem Leben des hl. Thomas Becket (1118–1170), dessen Todestag sich zum 350. Mal jährte, als der Altar geschaffen wurde. Es werden die Einsetzung Beckets als Erzbischof von Canterbury, seine Ermordung sowie der Schwur Heinrichs II. gezeigt, mit dem er seine Unschuld am Tod Beckets beweisen wollte. Die Altarflügel schließlich stellen weitere Szenen der Passions- und Heilsgeschichte dar, vom Letzten Abendmahl bis zu Auferstehung und Pfingstwunder. Die oberen Tafeln der Außenseiten wirken fast surreal, sie zeigen vor einem Torbogen schwebende menschliche Häupter und die Leidenswerkzeuge Christi. Aus der sonstigen Kirchenausstattung ragt insbesondere die reich mit Intarsien verzierte **Renaissance-Kanzel** von 1572 hervor.

Doch nicht nur die Marienkirche, sondern auch die benachbarten Gebäude lohnen einen Besuch. In der **Pfarrscheune** gibt es außer Kaffee und Kuchen interessante, wechselnde Ausstellungen zu Rügenspezifischem und in der **Alten Küsterei** sind die Ummanz-Information (s. u.) sowie die Nationalparkausstellung untergebracht, die umfassende Informationen über Tier- und Pflanzenwelt des Nationalparks Vorpommersche Boddenlandschaft und über das empfindliche Bodden-Ökosystem geben.

🅸 Praktische Hinweise

Information

Ummanz-Information, Neue Str. 1, Waase, Tel. 03 83 05/81 35, Fax 03 83 05/81 36. Zimmervermittlung, Fahrradverleih, Laden mit Inselprodukten, Nationalparkausstellung und -information.

Einkaufen

Erste Rügener Edeldestillerie,
Lieschow 17, beim Ort Ummanz, Waase,
Tel. 03 83 05/553 00, Fax 03 83 05/552 97,
www.1ste-edeldestillerie.de. Edelobstbrennerei, die eine der vornehmsten
Arten zeigt, das einheimische Obst zu
verwerten (April–Okt. tgl. 10–18 Uhr,
Nov.–März Mo–Fr 10–16 Uhr, Anmeldung
wird empfohlen).

Restaurant

TOP TIPP **Holzerland**, Am Focker Strom 17,
Waase, Tel. 03 83 05/81 59, Fax
03 83 05/600 40, www.ruegen-
ummanz.de. Die vorzügliche Fischgaststätte an der Ummanzer Brücke
mit Terrasse am Wasser kredenzt
Heringsgerichte aus eigenem Fang
und hausgemachten Räucherfisch.
In der kleinen Pension sind die Zimmer
gemütlich hergerichtet. Bootsverleih
und Angelfahrten komplettieren das
Angebot.

Abendstimmung an der Ummanzer
Brücke – das letzte Tageslicht verleiht der
stimmungsvollen Szenerie einen Hauch
von Melancholie

Ummanz

TOP TIPP *Natur pur – die Insel ist ideal für*
Naturfreunde und für jeden, der
die Seele baumeln lassen will.

Kranichinsel wird es auch genannt, das
etwa 20 km² große Eiland an der Westküste Rügens. Die flache landwirtschaft-
lich genutzte Insel wird durch einen be-
tonierten Plattenweg erschlossen, der
sich gut zu einer Fahrradrundfahrt eignet. Es gibt einige kleine Weiler, eine Haflingerzucht und einen weitläufigen Campingplatz am Bodden.

Der südlichste und der östlichste Zipfel
von Ummanz gehören zum *Nationalpark*
Vorpommersche Boddenlandschaft, während der größere Teil der Insel den Natur-
park Rügen bildet. Ummanz und die umgebenden Inseln und Küstensäume liegen im Durchzugsgebiet von Kranichen,
Blesshühnern, Saat- und Graugänsen
und sind Überwinterungsgebiet für
mehr als 100 Vogelarten. Bis zu 100 000
Großvögel hat man hier schon gezählt.
Zwischen Ummanz und dem Festland
liegen seichte Boddenbuchten sowie eine Reihe von Inselchen, Liebes, Wührens,
Urkevitz und Mährens, die bei starken
Frühjahrs- und Herbststürmen über-

schwemmt werden. Als Resultat sind die Böden und Uferbereiche besonders fruchtbar und bieten Nährstoffe für eine artenreiche Pflanzen- und Kleintierwelt, die aus ökologischen Gesichtspunkten, z. B. auch zur Versorgung der Zugvögel, von großer Bedeutung ist. Bei Tankow im Osten von Ummanz gibt es einen hölzernen Beobachtungs-Unterstand, von dem aus im März/April und September/Oktober die majestätischen Kraniche beim Flug von und zu den Futterplätzen beobachtet werden können.

Zum Sommerende im August findet das traditionelle **Ummanzer Tonnenabschlagen** statt. Seit Ende der Schwedenherrschaft 1815 gibt es dieses Reiterspiel, bei dem eine hölzerne Heringstonne aus dem Ritt heraus zerschlagen werden muss. Zum Rahmenprogramm gehören die Präsentation von Reitern und Kutschen sowie die Zurschaustellung der Ummanzer Haflingerzucht.

ℹ Praktische Hinweise

Sport

Windsurfing Rügen, Ostseecamp Suhrendorf, Ummanz, Tel. 03 83 05/822 40, www.windsurfing-ruegen.de. Kinder-, Anfänger- und Fortgeschrittenenkurse. Verleih und Verkauf von Ausrüstung, auch Kanus, Kajaks und Kanadier stehen zur Verfügung.

Einkaufen

Ummanz-Keramik, Pappelweg 1, Wusse, Tel. 03 83 05/81 11. Die Töpfermeisterin Susan Schmorell stellt sehr hübsche, mit landschaftlichen Motiven bemalte Gebrauchskeramik her. Besichtigung der Töpferei und Verkauf (Mai–Okt. tgl. 9–18 Uhr). Auch eine Ferienwohnung gibt es.

Camping

Ostseecamp Suhrendorf, Wusse, Tel. 03 83 05/822 34, Fax 03 83 05/81 65, www.ostseecamp-suhrendorf.de. Großer weitgehend baumloser ruhiger Platz direkt am Bodden. Das seichte Wasser ist ideal für Surf-Anfänger. Außerdem gibt es eine Minigolfanlage, Volley- und Beachvolleyballplätze, Tischtennis, Kinderspielplatz.

Unterkunft

Zum Kranich, Tankow, Tel. 03 83 05/81 79, Fax 03 83 05/553 83, pension-zum-kranich.de. Pension in zwei rohrgedeckten Häusern am Bodden. Die Rastplätze der Kraniche sind in Sichtweite. Im gepflegten Restaurant wird die regionale Esskultur mit frischem Fisch und Wildgerichten zelebriert.

Haflingerzucht auf Ummanz – auch im Flachland fühlen sich die zutraulichen Pferdchen, eine Züchtung aus Araber und Alpenpferd, offensichtlich wohl

Was steht wohl heute auf der Speisekarte des Grauen Kranichs?

Graue Eminenzen in Vorpommerns Boddenlandschaft

Die Boddenlandschaft zwischen Ummanz, dem Bug der Insel Bock und Hiddensee liegt mitten auf dem Zugweg des **Grauen Kranichs** von den Brutgebieten in Skandinavien, dem Baltikum und Russland zum Überwinterungsgebiet in Südspanien und zurück. Die Vögel rasten im Herbst mehrere Wochen lang an der vorpommerschen Boddenküste, um Kraft für die lange Flugstrecke über die europäische Landmasse zu sammeln. Die etwa einen Meter großen, majestätischen grauen Vögel fressen mindestens ein halbes Pfund Getreide pro Tag, was zu großen Konflikten mit den Bauern in Westrügen führt, bei denen die gut 40 000 Tiere auf dem Durchzug die Winteraussaat vernichten. Inzwischen hat man eine genügend große Fläche in das Schutzgebiet des **Nationalparks Vorpommersche Boddenlandschaft** (www.nationalpark-vorpommersche-boddenlandschaft.de) einbezogen, um ausreichende **Futterplätze** zu garantieren, und stellt außerdem Entschädigungssummen für die Landwirte zur Verfügung. In den frühen Morgenstunden und der Abenddämmerung im Frühjahr und Herbst sieht man große Schwärme zu den Futterplätzen fliegen und hört ihr charakteristisches Trompeten.

38 Großer Jasmunder Bodden

Menschenleere und Himmelsweite – die unberührte Naturschönheit der Halbinseln im Großen Jasmunder Bodden.

Von der Straße Bergen–Wittower Fähre zweigen zwei Alleen nach Nordosten ab, die am Großen Jasmunder Bodden enden. Die südliche führt nach Rappin, die nördliche nach Neuenkirchen und weiter auf die in den Bodden ragende verträumte Halbinsel Lebbin. Früher verkehrte vom Hafen Vieregge aus eine zweite Fähre nach Wittow. Heute verirrt sich kaum mehr jemand in diese stille Ecke. Zu Unrecht! Eine Wanderung oder Fahrradtour entlang der Boddenküste gehört zu den schönsten Rügen-Erlebnissen überhaupt.

Hinter **Neuenkirchen**, einem kleinen Straßendorf mit gotischem Backsteinkirchlein, passiert die Straße einen bewaldeten Hügel, an dessen Nordseite ein Parkplatz liegt. Von hier aus sind es nur wenige Schritte in den Wald zum **TOP TIPP** Treppenweg auf den **Hoch Hilgor** (44 m) mit dem hölzernen **Grümbke-Turm**. Der luftige, gut 15 m hohe Aussichtsturm ragt über die Baumwipfel hinaus und eröffnet einen wunderbaren weiten Rundblick über das Meer, das Kap Arkona, den Dornbusch von Hiddensee und die Kirchtürme von Gingst und Trent. Der Turm ist nach dem Heimatdichter und Maler Johann Jacob Grümbke (1771–1849) benannt, der in seinen ›Streifzügen durch das Inselland‹ (1805) diesen Aussichtspunkt rühmte.

Wer die Ruhe und Idylle abseits der viel begangenen Routen schätzt, kommt **TOP TIPP** bei einer **Wanderung um den Tetzitzer See** auf seine Kosten. Östlich von Neuenkirchen führt ein Weg über eine Holzbrücke auf den **Liddower Haken** im Großen Jasmunder Bodden. Das dort ansässige frühere Landgut beherbergt heute das Kulturprojekt **Kultur Gut Liddow** (Liddow 1, Tel. 03 83 09/880 20) mit Wechselausstellungen zu Kunst und Regionalgeschichte. Einsam und unberührt scheint das sumpfige Land um den Tetzitzer See, den man auf dem Liddower Haken umrunden kann. Bevor man sich Rappin nähert, steigt das Land zu einem lang gezogenen Höhenrücken namens **Banzelvitzer Berge** (45 m) an, auf denen sich der am schönsten gelegene Camping

Vom Höhenrücken des Dornbusch am nörd- ▷
lichen Ende Hiddensees hat der Betrachter
das ganze Eiland im Blick

platz Rügens befindet. Auch in **Rappin**
steht eine gotische Backsteinkirche (um
1400). Als ältestes Ausstattungsstück beherbergt sie ein Taufbecken von 1250, auf
dem vier Gesichter erkennbar sind.

1 km südlich von Rappin führt ein Weg
nordwestlich über Tribbevitz, am südlichen Ufer des Tetzitzer Sees vorbei zurück nach Neuenkirchen.

ℹ Praktische Hinweise

Camping

Banzelvitzer Berge, Groß Banzelvitz,
Tel. 043 65/72 44, Fax 043 65/84 64,
www.banzelvitzer-berge.de. Zufahrt
über Rappin. Platz direkt auf der Steilküste des Großen Jasmunder Boddens
mit herrlichem Blick auf Bodden und
Jasmund. Mit Strand und Bootshafen.

Die barocke Kanzel der Schaproder Kirche
ziert farbig gefasstes Schnitzwerk

Restaurant

Wirtshaus Neuenkirchen, Dorfstr. 12,
Neuenkirchen, Tel. 03 83 09/880 29.
Fröhliche Dorfschenke mit origineller
guter Küche bei täglich wechselndem
Menü je nach Marktangebot. Idyllische
Gartensitzplätze hinterm Haus.

39 Schaprode

Reizvoller Fischerort vis-à-vis von
Hiddensee, jedoch als Parkplatz
beansprucht.

Bei Trent, dessen trutziger Kirchturm mit
seiner barocken Haube schon von weitem zu sehen ist, biegt von der alten Han-
delsstraße Stralsund–Wittower Fähre die
Straße nach Schaprode ab. Als westlichs-
ter Hafenort Rügens war sie früh für den
Seehandel und die Fischerei von Bedeutung. Rohrgedeckte ziegelsteinrote Fi-
scherhäuser scharen sich um die **Kirche**,
deren erste Bauphase schon um 1200 beendet war. Sie ist damit nach Bergen und
Altenkirchen die drittälteste Kirche Rügens, eine Basilika mit durch Staffelblen-
den gegliederter Westfassade und einem

hölzernen Glockenturm-Aufsatz. Chor und Apsis stammen noch aus der ersten Bauphase, das Langhaus wurde um 1450 erneuert und mit einem Kreuzrippengewölbe versehen. Kanzel, Altar und der für eine evangelische Kirche ungewöhnliche Beichtstuhl bilden ein schönes Barockensemble. Beachtenswert sind ferner die Glasmalereien der Fenster, die Schiffe und Kapitänsnamen zeigen.

Der moderne Tourismus hat Schaprode leider sehr verändert. Seit ein regelmäßiger Fährdienst nach Hiddensee eingerichtet wurde, ist das Dorf zum größten **Parkplatz** auf Rügen geworden. Wegweiser an der Ortseinfahrt weisen auf die Parkmöglichkeiten hin. Die Fähren steuern vom Hafen gegenüber der nicht zugänglichen Insel Öhe die Orte Neuendorf, Vitte und Kloster auf Hiddensee an.

ℹ Praktische Hinweise

Schiff

Reederei Hiddensee, Tel. 01 80/321 21 50, www.reederei-hiddensee.de. Im Sommer 14 Fahrten tgl. von Schaprode nach Hiddensee zwischen 6.15 und 18.15 Uhr. Fahrtdauer nach Neuendorf 30 Min.,

nach Vitte und Kloster 45 Min. Letzte Rückfahrt ab Vitte um 19.15 Uhr. Es gibt auch Wassertaxis.

Camping

Am Schaproder Bodden, Lange Str. 24, Schaprode, Tel./Fax 03 83 09/12 34, www.campingplatz-schaprode.de. Durch Busch- und Baumreihen gegliedertes Wiesengelände am Boddenstrand, 250 m vom Hafen entfernt, mit Streichelzoo und Freizeitangebot.

Restaurants

Keils Gaststube, Am Hafen, Schaprode, Tel. 03 83 09/12 16. Einfaches Traditionslokal mit viel Flair. Eine Besonderheit sind die signierten Postkarten der prominenten Hiddenseereisenden, die hier Station gemacht haben (Mo geschl.).

Schafshorn, Streuer Weg 65 a, Schaprode, Tel. 03 83 09/13 13, www.schafshorn. de. Landgasthof mit schönem Wintergarten und Terrasse. Typische Rügener Gerichte werden geboten: Kartoffelsuppe, Aal, Pommerscher Gänsebraten oder die delikate Boddenfischersuppe.

40 Hiddensee

Inselparadies zwischen Wind und Dünen.

Die Insel Hiddensee westlich von Rügen bildet mit ihren Dünen, dem 13 km langen Naturstrand, der lieblichen Heidelandschaft und den malerischen rohrgedeckten Fischerhäuschen, die sich flach hinter dem Deich in die Landschaft ducken, eine der reizvollsten Kulturlandschaften an der Ostsee. Schon zu Beginn des 20. Jh. eine beliebte Sommerfrische von Schriftstellern, Malern und Prominenten, ist die Insel nach der Wiedervereinigung zum Reiseziel all derer geworden, die Ruhe, Naturnähe, Abstand vom Verkehrslärm und die Schönheiten einer naturbelassenen Landschaft suchen.

Geschichte Die Wikinger berichteten ab 1159 von einer Hütteninsel, *Hithin-oe*, bzw. von der Insel des Hedin, *Hedins-oe*, und der dänische Chronist Saxo Grammaticus beschrieb das graziöse Hiddensee, *Hythini gracilis*. 1297 schenkte der Rügenfürst Witzlaw II. dem Zisterzienserkloster von Neuenkamp (heute Franzburg), südwestlich von Stralsund, die Insel. Nach der Säkularisierung ging sie 1534 ins Eigentum der Pommerschen Herzöge über. Im Dreißigjährigen Krieg ließ der kaiserliche Feldherr Wallenstein den Wald auf Hiddensee abbrennen, um zu verhindern, dass sich die Dänen dort mit Holz zum Schiffsbau versorgten. Mit dem Westfälischen Frieden 1648 fiel auch Hiddensee an Schweden. 1754 erwarb der Stralsunder Kammerrat von Giese die Insel von der schwedischen Krone, weil er den Ton aus dem Bodden für seine Keramikfabrik verwenden wollte. 1835 kaufte das Heilgeistspital in Stralsund die Insel. Sie blieb bis zur Enteignung 1945 Eigentum des Spitals. Erst ab 1879 verkehrte

regelmäßig ein Postschiff nach Hiddensee, ab 1892 gab es einen planmäßigen Schiffsverkehr von hier nach Stralsund und Rügen. Damals kamen auch die ersten Künstler und Urlauber zu Besuch. Aber erst in den 1920er-Jahren wurde Hiddensee von Künstlern und Prominenten als Sommerfrische, als Ort der Ruhe und Inspiration entdeckt.

Besichtigung Hiddensee ist 18,6 km lang und hat eine Fläche von 16,8 km². Die etwa 1250 Einheimischen nennen ihre Insel liebevoll ›dat söte Länneken‹ – das süße Ländchen. Die gesamte Insel ist für den privaten motorisierten Verkehr gesperrt, Einheimische und Besucher bewegen sich zu Fuß, mit Fahrrädern oder Kremserkutschen vorwärts. Sogar die Müllabfuhr funktioniert mit Pferdewagen. Die Insel hat vier Ortschaften – Grieben, Kloster, Vitte und Neuendorf – und wird von drei Landschaftstypen geprägt:

Im Norden liegt der bis 72,5 m hoch aufsteigende Dornbusch, ein hügeliges, teils mit Kiefernwald bestandenes Gebiet mit einer Steilküste zum offenen Meer. Den zentralen Inselbereich beherrscht die *Dünenheide* mit ihren Kiefern, Birken, Ginster, Sanddornbüschen, Flieder und Heckenrosen. Sie geht über in die flache sandige Dünenlandschaft des Gellen im Süden, der spärlich mit Salzwiesen und Strandgras bewachsen ist.

Der Dornbusch und die beiden Sandhaken des Bessin, der südliche Teil der Dünenheide sowie der Gellen gehören zum *Nationalpark Vorpommersche Boddenlandschaft*, die anderen Bereiche außerhalb der Ortschaften sind Landschaftsschutzgebiete.

Dornbusch

Hinter Kloster, dem nördlichsten von der Fähre angesteuerten Ort auf Hiddensee, steigt das Land steil zu dem teils lehmigsandigen, teils aus steinigen Geschiebemergeln bestehenden Höhenrücken des Dornbusch an. Seitdem im Dreißigjährigen Krieg hier der gesamte alte Baumbestand von Erlen und Eichen vernichtet wurde, wuchern Dornenbüsche auf den Hügeln, besonders der stachlige Sanddorn, dessen Beeren zu Vitamin-C-reichem Saft und Sirup verarbeitet werden. Auf dem höchsten Punkt der Insel, dem 72,5 m hohen Bakenberg, steht der **TOP TIPP** 27,5 m hohe **Leuchtturm auf dem Dornbusch** (Mai–Sept. tgl. 10.30–16 Uhr), das weithin sichtbare Wahrzeichen von Hiddensee. Der 12-eckige, weiß verputzte Klinkerbau wurde 1887/88 erbaut. Von der Aussichtsplattform überblickt man die gesamte Insel und das westliche Rügen, sieht sogar die Silhouette von Stralsund. Das Leuchtfeuer hat eine Lampenleistung von 2000 Watt und strahlt bis zu 45 km weit.

Bereits seit 1937 steht der Dornbusch unter Naturschutz. An der Nordwestseite endet die hügelige Landschaft in einem jäh abfallenden Steilufer, an dessen Fuß ein geschützter einsamer *Sandstrand* liegt. Er kann über den Abstieg durch die Svantevitschlucht beim Leuchtturm erreicht werden. Um die ständige Meeresabtragung zu verhindern, wurde 1937–39

◁ *Trauminsel Hiddensee – wie ein Schattenriss hebt sich die Silhouette des Leuchtturms auf dem Dornbusch vom glutroten Abendhimmel ab*

Hoffentlich hält das Seil – ein etwas fülliger Engel schwebt in der Inselkirche von Kloster unter dem üppig mit Blumen bemalten Tonnengewölbe

um das *Kap Hucke* in Ufernähe ein Schutzdamm aus schwedischem Granit angelegt, von dem bis Kriegsausbruch ca. 400 m fertig gestellt waren. Seitdem sind neue Abbrüche an der Hucke ausgeblieben.

Am Boddenufer des Dornbusch liegt **Grieben**, der älteste und kleinste Ort der Insel. Bauernhöfe mit farbenfrohen Blumengärten und Fischerkaten prägen das dörfliche Bild des Weilers, dessen Gasthaus sich zur Einkehr bei einer Dornbusch-Rundwanderung anbietet.

Bessin

Wie zwei Zöpfe sehen die beiden Sandhaken aus, die sich am nördlichen Ende Hiddensees gebildet haben und etwa 3 km lang in den Vitter Bodden hineinragen: **Altbessin** und **Neubessin**. Während der Altbessin inzwischen im Strömungslee des Neubessin liegt und nicht weiter wächst, landen am Neubessin beständig die von den Steilküsten abgewaschenen Sedimente an und lagern sich ab, sodass die Halbinsel jährlich um 30 bis 50 m wächst. Der südliche Teil Neubessins ist ein wichtiges Brutgebiet für Küstenvögel und als Kernzone des *Nationalparks Vorpommersche Boddenlandschaft* vollständig gesperrt. Tausende von Wattvögeln, Gänsen und Enten versammeln sich hier im Frühjahr und Herbst. Von einem Beobachtungsturm an der Südspitze des Altbessin lassen sich die Brut- und Futtergebiete gut einsehen.

Kloster

Dort, wo 1297 die Neuenkamper Zisterziensermönche ein Kloster errichteten, entstand die Ortschaft Kloster. Schon 1536 wurde das Stift aufgelöst und im Dreißigjährigen Krieg weitgehend zerstört. Nicht mehr als ein Torbogen und ein Abflussstein am Dorfbrunnen sind von der Anlage übrig geblieben.

Die turmlose **Inselkirche** ist das älteste Bauwerk auf Hiddensee. Sie wurde von den Mönchen des Klosters als Laienkapelle erbaut und 1332 geweiht. Einst besaß sie auch einen Turm, aber seit dem Umbau 1782 befinden sich die beiden Glockenstühle in einem südlichen Vorbau, durch den die einschiffige Kirche auch betreten wird. Im freundlichen, vorwiegend in Blau und Weiß gehaltenen *Inneren* befindet sich der mittelalterliche Grabstein des 1475 verstorbenen Abtes Johannes Runnenberg. Sehenswert ist auch das hölzerne Tonnengewölbe, das in den 1920er-Jahren mit einem hübschen Blumenmotiv ausgemalt wurde. Auf dem **Friedhof** finden die Grabsteine des Nobelpreisträgers Gerhart Hauptmann, der Dresdner Tänzerin Gret Palucca, des Regisseurs Walter Felsenstein und der Unternehmer-Brüder Max und Oskar Kruse Beachtung.

Zwei Museen gibt es in Kloster, deren Besuch man nicht versäumen sollte. Das **Heimatmuseum** (Kirchweg 1, Tel. 03 83 00/363, April–Okt. tgl.

TOP TIPP

10–16 Uhr, Nov.–März Fr/Sa 11–15 Uhr) von Hiddensee wurde 1954 im 1888 errichteten Gebäude des Seenotrettungsdienstes am südwestlichen Ortsrand eröffnet. Die Sammlung erläutert anschaulich die Geschichte der Insel und zeigt Beispiele ihrer Tier- und Pflanzenwelt. Eine Bernsteinausstellung und eine Galerie mit Werken einheimischer Künstler sind gleichfalls von Interesse. Besuchermagnet ist jedoch der berühmte **Hiddenseer Goldschatz**, der nach Sturmfluten in den Jahren 1872 bis 1874 am Strand gefunden wurde. Hier werden allerdings nur Kopi-

An diesem Schreibtisch arbeitete Gerhart Hauptmann in seinem Ferienhaus in Kloster

Wie Hiddensee entstanden ist

Im ›Rügenschen Sagenbuch‹, das Prof. Dr. Alfred Haas 1891 aus Überlieferungen zusammengetragen hat, wird erzählt, wie Hiddensee entstanden ist: Als Rügen und Hiddensee noch zusammenhingen, gab es zwei Witwen, die reiche Mudder Hidden und die arme Mudder Vidden. Eines Tages klopfte ein Bettler an die Tür von Mudder Hidden und bat um Aufnahme, aber sie schlug ihm die Tür vor der Nase zu. Da ging er zur Hütte von Mudder Vidden, die ihn aufnahm und verpflegte. Am nächsten Morgen verabschiedete sich der Bettler mit den Worten, dass das Erste, was sie anfange, gesegnet sei. Die Witwe gab sich daran, ein Kleid für ihre Tochter zu nähen. Als sie den Stoff ausmessen wollte, merkte sie, dass die Leinwand kein Ende hatte. Die Hütte füllte sich mit Stoff und Mudder Vidden wurde reich. Da nannte man das Dorf nach ihr: Vitte. Mudder Hidden aber sah dies mit Neid. Sie suchte den Bettler und nötigte ihn fast, auch bei ihr zu übernachten. Der verabschiedete sich am nächsten Morgen mit denselben Worten wie das erste Mal. Da wollte Mudder Hidden sich daran geben, ihr Geld zu zählen. Weil die Kuh im Stall jedoch unablässig brüllte, ging sie zuerst, ihr Wasser zu geben. Doch das Wasser, das aus der Pumpe lief, hörte nicht mehr auf zu laufen und Mudder Hidden konnte nicht aufhören, den Pumpenschwengel zu betätigen. Da füllte sich das Land mit Wasser und überschwemmte alles, bis auf einen schmalen Rand, den man Hiddensee nannte.

en gezeigt, die Originale befinden sich im Safe des Kulturhistorischen Museums in Stralsund. Der 16-teilige Schmuck, der vor über 1000 Jahren von Wikingern angefertigt wurde, ist eines der schönsten und besterhaltenen Zeugnisse nordischer Goldschmiedekunst des Mittelalters.

Das zweite Museum des Ortes ist das **Gerhart-Hauptmann-Haus** (Kirchweg 13, Tel. 03 83 00/397, www.gerhart-hauptmann.org, April–Okt. tgl. 10–17 Uhr, Nov./Dez., Febr./März tgl. 11–16 Uhr), das 1956 aus Anlass des zehnten Todestages im Wohnhaus des Dichters und Nobelpreisträgers eingerichtet wurde. 1885 kam Hauptmann zum ersten Mal nach Hiddensee und war bezaubert von der schlichten Schönheit der Insel. Ab 1916 besuchte er sie jedes Jahr für einige Wochen und erwarb schließlich 1930 das Haus in Kloster, gen. *Haus Seedorn*, als Feriendomizil. Bis 1943 verbrachte er alle Sommer hier, wobei Arbeit und Geselligkeit einander angenehm ergänzten. Sein Arbeitszimmer, die Schlafräume, der Weinkeller, Terrasse und Garten sind original erhalten und zu besichtigen. Gerhart Hauptmann, der bedeutendste deutsche Dramatiker des Naturalismus, starb am 6. Juni 1946 in Agnetendorf im Riesengebirge. Seinem Wunsch gemäß wurde er am 28. Juli auf Hiddensee beigesetzt.

Der Unternehmer und Maler *Oskar Kruse* ließ sich 1905 am Nordrand von Kloster von den Berliner Architekten Otto W.

Spalding und Alfred Grenander eine burgartige Sommerresidenz bauen, die er nach der Straße, in der er in Berlin wohnte, die **Lietzenburg** nannte. Der wuchtige Backsteinbau weist Anklänge an den Jugendstil auf. Nachdem Oskar sich mit dem Hausbau völlig ruiniert hatte, ging die Villa in den Besitz des Bruders Max über, der sie mit seiner Frau Käthe, der Gründerin des Käthe-Kruse-Puppenimperiums, weiter nutzte. Nach dem Krieg machte man aus der Luxusresidenz ein Erholungsheim der Universität Greifswald. Über eine neue Nutzung des heute leer stehenden Gebäudes wird noch nachgedacht.

In Kloster beginnen die beiden **Deiche**, die die gesamte Insel auf beiden Seiten vor Hochwasser schützen und ideal zum Spazierengehen und Radfahren sind. Hinter dem Deich der Westseite beginnt am Heimatmuseum der 13 km lange kinderfreundliche **Sandstrand**, an dem es seicht ins Wasser geht. Etwa 1 km südlich von Kloster liegen schon die ersten Häuser von Vitte.

TOP TIPP

Vitte

Mit seinen rund 600 Einwohnern ist Vitte der größte Ort und Verwaltungssitz von Hiddensee. Wie auch bei Vitt auf Rügen bezeichnete der Name einen Ort, an dem Fischer in der Heringsfangsaison lebten. 1513 standen nur 24 rohrgedeckte Katen an dem kleinen Fischerhafen. Mit der Zeit wurden die Vitten jedoch zu dauerhaften

Siedlungen. In Vitte befinden sich die öffentlichen Einrichtungen der Insel wie Rathaus, Schule und Bibliothek sowie einige Geschäfte und Restaurants. Auch die Insel-Information, das Nationalparkhaus und der Jachthafen sind hier beheimatet. In Ermangelung von exakten Adressen unterscheidet man zwischen zentralem Teil, Süderende und Norderende.

Der **Hafen** von Vitte ist der größte der drei Hiddenseer Häfen. Hier spucken die großen Fährschiffe die meisten der bis zu 5000 Tagesbesucher aus, hier gibt es einen großen Fahrradverleih, einen hübschen Laden mit typischen Inselprodukten und Souvenirs sowie ein Lokal mit Terrasse, auf der man den Tag angenehm ausklingen lassen kann. Im Hafenbecken dümpeln Segelboote und Fischerkähne und an der Mole sitzen die Fischer wie ehedem und reparieren ihre Netze.

Am Norderende steht noch heute das Sommerhaus der dänischen Stummfilmdiva *Asta Nielsen* (1881–1972), in dem sie die Sommermonate der Jahre 1925–36 verbrachte. Die Pläne des ungewöhnlichen Baus zeichnete der berühmte Architekt Max Taut (1884–1967). Es ist ein Holzhaus, das die Bewohnerin wegen der stark abgerundeten Ecken **Karusel** (dän. Schreibweise) nannte. Maler, Schriftsteller und Schauspieler gingen hier ein und aus. Das in Privatbesitz befindliche Gebäude kann leider nicht besichtigt werden.

Leuchtender Farbklecks in der Ortsmitte, unweit des Hafens, ist die **Blaue**

Auf der autofreien Insel Hiddensee ist das Fahrrad eines der schnellsten Verkehrsmittel – aber eigentlich hat es hier keiner so richtig eilig

Grande Dame des deutschen Stummfilms: Asta Nielsen, um 1925

Prominentenkolonie Hiddensee

Als gegen Ende des 19. Jh. die Seebäder auf Rügen in Mode kamen, war Hiddensee noch eine verlassene Sandbank am Horizont ohne regelmäßige Schiffsverbindung nach Rügen oder zum Festland (bis 1892). Der Erste, der Werbung für das idyllische kleine Eiland machte, war der schlesische Exzentriker **Alexander Ettenburg**, ein Schauspieler und Dichter, der sich aufgrund seiner prekären Gesundheit und seiner noch prekäreren Finanzsituation auf Rügen niedergelassen hatte. Mit 100 Reichsmark, die er mit der Veröffentlichung des Gedichts ›Wunna, die Jungfrau von Rügen‹ verdient hatte, pachtete er 1888 vom Hiddensee-Eigentümer, dem Heilgeistspital in Stralsund, eine Fischerhütte in Grieben, aus der er eine Gaststätte machte. Von hier aus versandte er hand geschriebene Werbung für »naturgebundene Ferien« und machte Pläne für Theatervorführungen in einer Schlucht am Dornbusch, die er Svantevitschlucht taufte.

1901 ließ sich der Industrielle und Maler **Oskar Kruse** auf Hiddensee nieder. Er hatte dem Spital ein Grundstück abgekauft und sich darauf eine Villa, **Lietzenburg** genannt, erbauen lassen, die er zur Künstlerbegegnungsstätte machte. Max Reinhardt und Gerhart Hauptmann gingen ein und aus, es kamen ferner Ernst Barlach, Käthe Kollwitz, Albert Einstein, Sigmund Freud, Lion Feuchtwanger, Gottfried Benn, Thomas Mann, Joachim Ringelnatz, Erich Heckel und viele andere Künstler und Intellektuelle.

Auch die Stars und Sternchen des Berliner Kinohimmels folgten der Mode: Willi Forst, Friedrich Holländer, Valeska Gert, Paul Henckels und Else Lehmann kamen, wie auch die dänische Diva des Babelsberger Stummfilms **Asta Nielsen**. Ihr baute Max Taut 1925 in Vitte das Märchenhaus ›Karusel‹, das zu einem weiteren Treffpunkt von Künstlern und Prominenten wurde.

Bis heute ist Hiddensee – ohne große Touristikzentren mit Hotelkomplexen – als geruhsames, naturnahes Fleckchen Erde beliebt.

Insel Hiddensee (Auszug)

Kühe weiden bis zum Rande,
Großer Tümpel, wo im Röhricht
Kiebitz ostert. – Nackt im Sande
purzeln Menschen, selig töricht.
...
Fischerhütten, schöne Villen
grüßen sich vernünftig freundlich.
Steht ein Häuschen in der Mitte,
rund und rührend zum Verlieben.
›Karusel‹ steht angeschrieben.
Dieses Häuschen zählt zu Vitte.

Joachim Ringelnatz

Scheune mit dem fröhlich wuchernden Garten. Das niederdeutsche Hallenhaus mit spitzem Rohrdach, dem ›Zuckerhut‹, ist das einzige Gebäude dieser Art auf Hiddensee. Entstanden ist es vor etwa 200 Jahren als Bäckerei und diente danach als Stall und Scheune, bis es in den 1920er-Jahren die Künstlerin *Henni Lehmann* zum Atelier mit Ausstellungsraum umfunktionierte. Sie gründete hier zusammen mit Clara Arnheim, Elisabeth Andrae und Katharina Bamberg den *Hiddenseer Künstlerinnenbund*. Die Gruppe stellte fortan in der Blauen Scheune ihre Werke aus, löste sich aber unter dem Druck der Nationalsozialisten auf, da mehrere ihrer Mitglieder Jüdinnen waren. 1955 kaufte der Maler Günter Fink das Haus und nutzte es ebenfalls für Kunstausstellungen. Seit seinem Tod im Jahr 2000 bewohnt seine Witwe in den Sommermonaten das Haus. Zu unregelmäßigen Zeiten lädt sie mit einem vor dem Haus aufgestellten Schild zur Besichtigung ein.

Südlich von Vitte verbreitert sich die Insel zu der mit niedrigem Buschwerk bewachsenen **Dünenheide**, durch die sich schmale Sandwege schlängeln. Ab August überzieht hier ein prächtiger violetter Blütenteppich aus Heidekraut den Boden. In der Mitte liegt ein kleines Wäldchen mit der Hotelanlage Heiderose, ansonsten ist der Landstrich bis zum 4 km entfernten Neuendorf einsam, nur hier und da grasen einige Schafe oder Kühe.

Vor dem breitesten Teil der Dünenheide liegt im Bodden die **Fährinsel**, nur durch einen schmalen Wasserlauf von Hiddensee getrennt. Heute ist sie ganz den Vögeln vorbehalten, früher lebten hier die Fährleute, die noch bis 1952 bei Bedarf den Transport von Reisenden und Waren zwischen Hiddensee und Rügen übernahmen.

Neuendorf

Das denkmalgeschützte Fischerdorf ist der südlichste und stillste der Inselorte. Die Häuser stehen weit auseinander – ohne trennende Zäune oder Hecken – in langen Reihen auf leicht erhöhten Bodenwellen (Hochwasserschutz!) der windgefegten Rasenfläche. Am winzigen Hafen gibt es ein Geschäft, einen Informationskiosk und einen Fahrradverleih. Südlich schließt sich der Ortsteil **Plogshagen** an. Im 19. Jh. verursachten einige große Sturmfluten hier verheerende Schäden. 1872 drohte die Insel südlich von Plogshagen an der *Schwarzer Peter* genannten

Oben: Beliebtes Fotomotiv in Vitte ist die rohrgedeckte Blaue Scheune, die eine interessante Geschichte als Künstlerhaus vorzuweisen hat
Unten: Gemächlich voran – Urlaubsgäste genießen auf Hiddensee, hier in Vitte, das entspannte Fahren mit der Pferdekutsche

Naturschutzgebiet Fährinsel – wo bis Mitte des 20. Jh. noch Fährleute lebten, finden heute zahlreiche Vogelarten eine ungestörte Heimat

Bucht, wo sie auch heute nur knapp 300 m breit ist, auseinander zu reißen. Umfangreiche Rettungsarbeiten und schließlich 1904–10 der Bau eines Deichs, der von Neuendorf bis zum Leuchtturm des Gellen reicht, konnten die Gefahr bannen. In Neuendorf erinnert ein Gedenkstein an die große Sturmflut, bei der auch die ersten Teile des Hiddenseer Goldschatzes an Land gespült wurden.

Gellen

Südlich von Plogshagen liegt ein kleines Waldstück, hinter dem sich die Wege in eine vom Wind zerzauste menschenleere Dünenlandschaft verlieren, dem Gellen. Nach etwa 2 km gelangt man zu dem in den Dünen stehenden 10 m hohen **Süderleuchtturm** aus dem Jahr 1905. Schon im Mittelalter wies hier ein Leuchtfeuer den Schiffen den sicheren Weg nach Stralsund. Damals gab es auf dem Gellen eine Kirche (1302 erstmals urkundlich erwähnt) und der hier tätige Mönch musste auch das Leuchtfeuer unterhalten.

Weitere 2 km südlich enden die Pfade am Beginn eines weiteren Stücks Kernzone des Nationalparks *Vorpommersche Boddenlandschaft.* Dieser südlichste, für Besucher gesperrte Teil der Insel ist Rastplatz für Zugvögel und es gedeihen hier seltene Pflanzen wie das Wollgras und der Fleisch fressende Sonnentau. Während andere Küstenbereiche von Abtra-

gungen bedroht sind, wächst Hiddensee durch Anlandung von Sand an dieser Stelle Jahr für Jahr um mehrere Meter.

ℹ Praktische Hinweise

Information

Insel-Information und Kurverwaltung, Norderende 162, Vitte, Tel. 03 83 00/642 26, Fax 03 83 00/642 25, www.seebad-hiddensee.de, Mai–Sept. Mo–Fr 8.30–17 Uhr, Sa/So 10–12 Uhr, April, Okt. Mo–Fr 9–16 Uhr), Nov.–März Mo–Fr 9–15 Uhr

Nationalparkhaus, Norderende 2, Vitte, Tel. 03 83 00/680 41, April–Okt. tgl. 10–16 Uhr, Nov.–März tgl. 10–15 Uhr

Kurtaxe

Hiddensee kann als Ostseebad Kurtaxe erheben. Für Tagesbesucher wird sie mit dem Fährticket erhoben, ansonsten sind die Vermieter erhebungspflichtig. Es kann eine Jahreskurkarte für das laufende Kalenderjahr erworben werden (u. a. bei Kurverwaltung Vitte und im Heimatmuseum Kloster), die sich ab ca. 14 Aufenthaltstagen lohnt.

Schiff

Reederei Hiddensee GmbH, Achtern Diek 4, Vitte, Tel. 01 80/321 21 50, www.reederei-hiddensee.de. Direktverbindungen nach Schaprode auf Rügen und im Sommer auch nach Stralsund.

Verkehrsmittel

Fuhrmannshof Neubauer, Dorfstr. 60, Kloster, Tel. 03 83 00/487, www.hiddensee-kutschfahrten.de

Fuhrmannshof und Fahrradverleih, Süderende 4, Vitte, Tel./Fax 03 83 00/680 15, Mobil 01 71/834 11 57, www.pferdundfahrrad.de

Fuhrunternehmen Willi Berg, Am Reedsal 24, Kloster, Tel. 03 83 00/501 55, Mobil 01 71/837 71 24

Fuhrunternehmen Weirauch, Hafenweg 7, Kloster, Tel. 03 83 00/680 82, Mobil 01 71/837 71 24

Hotels

Godewind, Süderende 53, Vitte, Tel. 03 83 00/66 00, Fax 03 83 00/66 02 22, www.hotelgodewind.de. Gemütlich-rustikales Hotel mit guter Gaststätte in Hafennähe.

Haus Hiddensee, Kirchweg 29, Kloster, Tel. 03 83 00/335, Fax 03 83 00/69 12 18, www.haus-hiddensee.de. Kleine, hübsche Pension im Dorf. Im dazugehörigen Restaurant *Die Kajüte* speist man in gemütlicher Atmosphäre.

Heiderose, In den Dünen 127, Vitte, Tel. 03 83 00/630, Fax 03 83 00/631 24, ww.heiderose-hiddensee.de. Hotelanlage mit Zimmern und Ferienhäusern mitten in der Dünenheide. Fitnessraum, Sauna, Solarium und Fahrradverleih sowie eigene Räucherei und Bäckerei.

Hitthim, Hafenweg 8, Kloster, Tel. 03 83 00/66 60, Fax 03 83 00/666 18, www.hitthim.de. Ältestes Hotel auf der Insel in schönem, um 1910 erbauten Fachwerkhaus am Hafen. Die Zimmer sind stilvoll eingerichtet.

Inselidyll, Siedlung 23, Kloster, Tel. 03 83 00/501 63, Fax 03 83 00/680 13, www.zum-kleinen-inselblick.de. Am Rand von Kloster gelegen, ist diese Pension ein Ort der Erinnerung: Hier wohnten schon Thomas Mann und seine Frau Katja, als sie Gerhart Hauptmann besuchten, und auch Albert Einstein verbrachte hier seine Sommerfrische.

Lachmöwe, Wallweg 5, Vitte, Tel. 03 83 00/253, Fax 03 83 00/504 08, www.lachmoewe.de. Solides Haus am Hafen mit sieben freundlichen Zimmern und einem Café mit schöner Terrasse.

Post Hiddensee, Wiesenweg 26, Vitte, Tel. 03 83 00/64 30, Fax 03 83 00/643 33, Moderne helle Luxussuiten in neuem Haus mit Sonnenterrasse und schöner Gartenanlage. Strandkorbverleih.

Zum Enddorn, Dorfstr. 8, Grieben, Tel. 03 83 00/460, Fax 03 83 00/680 94,

Wenn nicht gerade die Fähre nach Rügen an- oder ablegt, geht es am Hafen von Neuendorf mit seinen hübschen Segeljachten und Fischkuttern sehr geruhsam zu

www.enddorn.de. Hübsche Pension mit gemütlichem Dorfgasthaus – fernab des Tagesbesucherrummels. Schöner Blick auf die Boddenküste.

Oben: Gar nicht grimmig – Seebären der MS Stubnitz im Neuendorfer Hafen
Unten: Eher putzig – der weiß-rote Süderleuchtturm auf dem Gellen gehört mit 10 m Höhe nicht zu den größten seiner Art

Restaurants

Leuchtturmeck, Leuchtturmweg 5, Kloster, Tel. 03 83 00/680 50. Typische lokale Küche mit ausgezeichneten Fischgerichten.

Zum Klausner, Im Dornbusch 1, Kloster, Tel. 03 83 00/66 10. Kleines Gasthaus mit Pension, einsam und ruhig nördlich von Kloster gelegen. Gute einheimische Küche, insbesondere Fischspezialitäten, kann man sich hier schmecken lassen.

Zum kleinen Inselblick, Birkenweg 2, Kloster, Tel. 03 83 00/234. Diese Lokalität ist nicht nur ein gutes Restaurant und Café mit traumhaftem Blick, sondern auch ein Antiquitäten- und Trödelladen mit Aquarellen und Ölbildern, Büchern und alten Möbeln, die man käuflich erwerben kann.

Cafés

Café Seepferdchen, Süderende 84, Vitte, Tel. 03 83 00/266. Nettes kleines Gartencafé in Strandnähe mit dem besten Sanddornkuchen der Insel (Okt.–April geschl.).

Strand-Café, Grumkiel 1, Neuendorf, Tel. 03 83 00/5 01 88. Freundliches Café in Strandnähe.

Stralsund – Brückenpfeiler zur Insel Rügen

Ohne ihr Gegenüber auf dem Festland ist die Insel Rügen nicht zu denken. Die alte Hansestadt **Stralsund** am Strelasund setzt mit ihrer eng bebauten historischen Altstadt, den weit über die Region hinaus bedeutenden Museen, den großartigen Kirchen, ihrem vielfältigen Kulturleben und Markttreiben einen glanzvollen urbanen Kontrapunkt zu der von Strandurlaub, ländlichen Idyllen und Naturlandschaften geprägten Insel. Bei einem Rundgang durch die seit 2002 gemeinsam mit Wismar zum UNESCO-Welterbe zählende Altstadt sind mannigfaltige Zeugen mittelalterlicher und barocker Stadtbaukunst zu entdecken – quasi ein monumentales Denkmal mit über 800 Einzelsehenswürdigkeiten! Als wichtigste Stadt Vorpommerns ist Stralsund mit seinen knapp 60 000 Einwohnern eine gelungene Verbindung von touristischem Anziehungspunkt und geschäftigem Mittelpunkt der Region.

41 ### Stralsund *Plan hintere Umschlagklappe*

Tochter der Hanse mit stolzer Vergangenheit und lebendigem urbanem Flair.

Strelasund heißt die Wasserstraße, die die Insel Rügen vom Festland trennt, und von dort aus muss man kommen, will man die Stadtsilhouette, geprägt vom Hafen und den hohen Speicherfassaden, im richtigen Licht sehen. Dahinter ragen drei große gotische Kirchen aus dem Hausermeer empor: Marien-, Nikolai- und Jakobikirche, die Wahrzeichen Stralsunds. Die Stadt verheißt mit warmen Farben und wehrhaften Mauern Geborgenheit und Schutz, Eigenschaften, die schon die Seefahrer im 13. Jh. zu schätzen wussten, wenn sie aus Bergen, Riga oder St. Petersburg kamen, um Pelze und Baustoffe gegen Tabak, Salz und Tuche einzutauschen. Und auch heute hat diese Wasserfront ihren Reiz. Der große Quader der 1996 errichteten *Schiffbauhalle* der

◁ *Stralsund aus der Vogelperspektive – vom Turm der Marienkirche bietet sich ein beeindruckendes Altstadtpanorama mit der prägnanten zweitürmigen Nikolaikirche*

Volkswerft steht für die moderne Wirtschaftsbasis der Stadt, das alte Hafengelände dagegen befindet sich mitten in der Umgestaltung zu einem attraktiven Altstadtviertel mit Hotels, Lokalen und Kultureinrichtungen.

Geschichte 1234 wurde der slawischen Fischersiedlung Stralow am Strelasund vom Rügenfürst Witzlaw I. das lübische (= Lübecker) Stadtrecht verliehen. Ende des 13. Jh. schlossen sich die Ostsee-Hafenstädte im Schutzbund der **Hanse** zusammen. Die erste große Bewährungsprobe dieses Bundes war die Vertreibung der Dänen aus Norddeutschland, die der *Frieden zu Stralsund* 1370 besiegelte. Als Hansestadt profitierte Stralsund vor allem vom **Zwischenhandel**, wobei hier Waren aus Böhmen, Sachsen und Brandenburg auf den Seeweg nach Skandinavien und Russland verladen wurden. Teure Tuche, wertvolle Erze, Getreide, Pelze und Vieh wurden umgeschlagen. Durch Steuern partizipierte Stralsund an jedem dieser Handelsakte. Über 300 Schiffe fuhren allein unter ›sundischer‹ Flagge. Der Reichtum schlug sich in einer enormen **Bautätigkeit** nieder. Bereits im 13. Jh. dehnte sich die Stadt beträchtlich aus und es entstand eine bald mit der Altstadt zusammenwachsende Neustadt, deren neue Gemeindekirche die Marienkirche war. Auch der Schiffbau florierte. Im 14. Jh. hatte Stralsund 13 Werften. In dieser Zeit wurde die Stadt zur Festung ausgebaut und mit Wassergräben umgeben, den heutigen Stadtteichen. Noch immer sind die spitz ins Wasser hineinragenden Bastionen zu erkennen.

Der Dreißigjährige Krieg konnte der Stadt dank ihrer wehrhaften Befestigungen wenig anhaben. Das kaiserliche Heer unter Wallenstein belagerte sie 1628 erfolglos, doch im Westfälischen Frieden 1648 wurden Stralsund, Rügen und weitere Teile Pommerns vertraglich dem Königreich Schweden zugesprochen. Die Schwedenherrschaft dauerte 167 Jahre. Erst bei der Neuordnung Europas beim Wiener Kongress 1815 wurde die Region Vorpommern Preußen zugeschlagen und schon bald vom Adel und den Reichen zur Sommerfrische erkoren. 1936 machte der Bau des Rügendamms Stralsund zum Brückenkopf zur Ferieninsel Rügen. Inzwischen hat sich diese Zugangsstraße längst als Nadelöhr erwiesen und eine neue Brücke zur Insel ist in Planung.

Die Luftangriffe des Zweiten Weltkriegs verursachten in der Stralsunder Altstadt 1944 erhebliche Schäden. Während die repräsentativen Gebäude fast alle wieder hergestellt wurden, blieben an anderen Stellen der Altstadt Baulücken, die bis heute nicht geschlossen sind und in Anbetracht des Bevölkerungsrückgangs der letzten Jahre von 75 000 Einwohnern im Jahr 1988 auf rund 61 000 heute auch in absehbarer Zeit nicht geschlossen werden können. Die Wende brachte der Stadt eine hohe Arbeitslosigkeit, sank doch die Zahl der Beschäftigten der alles dominierenden Volkswerft von 8500 (1989) auf 1200 (2002). Neue Hoffnung bringt die Übernahme der Werft im August 2007 durch die Hegemann-Gruppe, die zu den führenden deutschen Schiffbauunternehmen zählt.

Dennoch hat sich in diesen zehn Jahren auch viel zum Guten verändert. Weit über die Hälfte der denkmalgeschützten Altstadt ist inzwischen saniert, die meisten Plätze und Straßen machen einen belebten und gepflegten Eindruck. In der gesamten Stadt stehen über 800 Gebäude unter Denkmalschutz, davon allein 526 in der Altstadt – ein Erbe, das insgesamt rund 1 Mrd. Euro für die Sanierung verschlingen wird. Im Juni 2002 wurden die ›Historischen Altstädte Stralsund und Wismar‹ in die Liste des UNESCO-Weltkulturerbes aufgenommen (www.stralsund-wismar.de). Gleichzeitig wurde eine Stiftung zum Erhalt gefährdeter Stätten gegründet.

Vom Neuen zum Alten Markt

Vom Bahnhof, wo das Auto geparkt werden kann, führt der belebte *Tribseer Damm* zwischen dem Knieperteich und

Mächtige Säulen stützen das hohe Gewölbe der Stralsunder Marienkirche, die im 15. Jh. zu ihrer heutigen Größe ausgebaut wurde

Stadtidylle: Blick auf die Marienkirche und einen der beiden Frankenteiche

den Frankenteichen hindurch zur Altstadt, die inselgleich zwischen den Teichen des früheren Bastionengürtels und dem Strelasund eingebettet liegt. Den die Altstadt südlich umrundenden *Frankendamm* querend gelangt man nach wenigen Schritten zu der mächtigen **Marienkirche** ❶ (www.st-mariengemeinde-stralsund.de, Juli–Sept. Mo–Fr 9–18 Uhr, Okt.–April Mo–Fr 10–12 und 14–16, Sa 10–12 Uhr, Mai Mo–Fr 10–17 Uhr) deren 104 m hoher Turm mit der barocken Haube den besten Überblick über die Altstadt bietet. Allerdings sind 365 Stufen zu erklimmen, bevor man auf der 90 m hohen Aussichtsplattform den Blick schweifen lassen kann. Die Marienkirche entstand im 13. Jh. als Gemeindekirche (erstmalige Nennung 1298) der expandierenden Neustadt Stralsunds. Ein Turmeinsturz beschädigte 1382 das Bauwerk schwer. Im 15. Jh. wurde es jedoch erneuert und gehörte fortan zu den größten Kirchen des Christentums. Das trutzige, schlichte Äußere entspricht dem heute relativ schmucklosen, dreischiffigen Inneren, das durch die Weite des fast 100 m langen, 41 m breiten und 33 m hohen Raumes besticht. Schön sind die Netz- und Sterngewölbe des Westwerks. Der Maria geweihte Hauptaltar stammt aus dem 15. Jh. Wertvollstes Ausstattungsstück ist die Orgel des Lübecker

Orgelbauers Friedrich Stellwagen von 1653–59, auf der noch heute regelmäßig Konzerte gespielt werden.

Vor der Marienkirche öffnet sich der *Neue Markt*, von dem die Fußgängerzone über den Anfang der Mönchstraße und den Apollonienmarkt auf die **Ossenreyerstraße** ❷ führt, die Hauptachse der Altstadt und wichtigste Geschäftsstraße Stralsunds. Sie endet im Norden am *Alten Markt*. Zu diesem Platz mit dem in frischem Gelb erstrahlenden Gebäude des Artushofs wendet das gotische **Rathaus** ❸ seine viel bewunderte, hochgestreckte Backstein-Schaufassade (1370) mit sechs filigranen Spitzgiebeln und Rosetten, die den dahinter ›versteckten‹ gotischen Hauptbau (13. Jh.) deutlich überragt. An der Fassade sind über den sechs Fenstern des Löwenschen Saals die Wappen der großen Hansestädte zu sehen: Hamburg, Lübeck, Wismar, Rostock, Greifswald und das von Stralsund. Das Rathaus ist einer der ältesten gotischen Profanbauten, die in Deutschland erhalten sind. Sein spitzbogiges Arkadengeschoss wurde im Barock durch einen Säulengang ergänzt, der öffentlich zugänglich ist und die Verbindung zur Nikolaikirche herstellt.

Das Rathaus ist eng an die Westfassade der **Nikolaikirche** ❹ (www.nikolai-stralsund.de, Mo–Sa 10–17

TOP TIPP

Bürgerschaft und Geistlichkeit in trauter Eintracht – nah zusammengerückt sind das aufwendig gestaltete Rathaus und die trutzige Nikolaikirche von Stralsund

Uhr, So 11–12 und Gottesdienst 14–16 Uhr, im Winter eingeschr. Öffnungszeiten) gedrängt. Durch die Rathausarkaden erreicht man direkt das großartige gotische Trichterportal aus glasierten Ziegeln, zu dem sein reich verziertes barockes Tor im interessanten Kontrast steht. Die Kirche gehört zu den schönsten im Stil der norddeutschen Backsteingotik. 1276 erstmals dokumentarisch erwähnt, ist sie die älteste der drei Gemeindekirchen der Stralsunder Altstadt. Die monumentale, mit Blendfensterreihen geschmückte *Doppelturmanlage* stammt aus dem 14. Jh. Nach einem Brand 1662 wurde der südliche Turm mit einer Barockhaube bekrönt, während der nördliche lediglich ein schlichtes Flachdach erhielt.

Der hohe weiße **Innenraum** der dreischiffigen, 87 m langen Basilika wird überfangen von einem rot und blau abgesetzten Kreuzgewölbe mit detailreich verzierten Schlusssteinen. Gotische *Fresken*, deren gemalte Figuren an den Säulenkapitellen in dreidimensionale Skulpturen übergehen, und bunt bemalte Wandflächen über den Jochen der Seitenschiffe wurden bei Restaurierungsarbeiten in ihrer originalen Farbigkeit wieder hergestellt. Im 14. Jh. gab es in der Kirche 56 Altäre – Patrizier, Zünfte und

Adelsfamilien übertrafen sich gegenseitig bei den Stiftungen. Teile der Ausstattung sind bis heute erhalten. Sehenswert sind u. a. der um 1480 in Stralsund gefertigte gotische **Hochaltar** mit figurenreicher Kreuzigungsgruppe im hinteren Chorraum. Eines der ältesten Ausstattungsstücke ist die über 2 m hohe **Anna-Selbdritt-Gruppe** (vor 1280) im Chorumgang. Hier versteckt sich auch ein besonderes Kleinod, eine **Astronomische Uhr** aus dem Jahr 1394, von Nikolaus Lilienfeld geschaffen, die zusätzlich zur Tageszeit den Stand von Sonne, Mond und Gestirnen anzeigt. Noch im Chorraum sollte man das sog. **Nowgorod-Chorgestühl** näher betrachten. Es weist vier kunstvoll geschnitzte Relieftafeln auf, die Jagd- und Handelsszenen aus der Zeit um 1400 darstellen. Seitlich davor – frei im Raum – wurde 1708 der barocke **Hauptaltar** des in Berlin tätigen Bildhauers Andreas Schlüter aufgestellt. Dieser zeigt das Auge Gottes, umgeben von Engeln und einem Wolkenkranz, überragt von einem 5 m hohen Kruzifix. Ein Chorgitter grenzt den Altar- gegen den Laienraum hin ab. Zu den Gläubigen wendet sich die 1611 gefertigte **Kanzel**, die von einer Mosesfigur getragen wird. Die Alabasterreliefs am Kanzelkorb illustrieren Szenen aus dem Leben Christi. Die **Orgel** am anderen Ende der Kirche wurde 1840/41 vom Berliner Orgelbaumeister Buchholz gefertigt und wird wegen ihres schönen Klanges gerne für Konzertaufführungen verwendet.

Zum Alten Markt hin zeigt die Nikolaikirche den haubenlosen ihrer beiden Türme und das Langhaus, an dessen Fassade sich niedrigere Geschäftshäuser lehnen. An der Ostseite des Platzes steht das barocke **Commandanten-Hus** ❺. In dem schlichten dreigeschossigen Bau residierte bis 1815 der schwedische Stadtkommandant. Nach Abschluss gründlicher Renovierungsarbeiten konnten kürzlich Büros, ein Café und eine Kellerkneipe in das Gebäude einziehen.

Giebelhäuser, Tore und Stadtmauer

Der Stadtrundgang führt vom Alten Markt über die Fähr- und Schillstraße in das nördliche Halbrund der Altstadt, in dem sich Teile der alten Stadtbefestigungen und besonders schöne Beispiele der hanseatischen Baukunst finden. An der Kreuzung von *Fähr-* und *Schillstraße* steht das **Scheelehaus** ❻ (Fährstr. 23–24), ein typischer Hansebau des 17. Jh. mit Diele und Kontorräumen, über denen sich die Lagerräume befinden. Es ist nach dem Entdecker des Sauerstoffs Carl Wilhelm Scheele benannt, der 1742 hier geboren wurde und als 15-Jähriger nach Göteborg auswanderte. Schräg gegenüber befindet sich das sog. **Giebelhaus** ❼ (Fährstr. 11), ein Anfang der 1990er-Jahre renoviertes Renaissancehaus mit einer sehr gut erhaltenen stilreinen Fassade. Die charakteristischen Bogenfenster reichen in fünf Reihen bis in die Spitze des Treppengiebels, das Untergeschoss wird von den großen Fenstern eines Saals und dem sog. Korbbogenportal geprägt.

Noch weiter nördlich zeichnet die Schillstraße die Rundung des mittelalterlichen Stadtgrundrisses nach. An ihr liegen die Reste des ehem. **Johannisklosters** ❽ (Schillstraße 27/28, nach Absprache Tel. 038 31/29 42 65) mit einfachen bunten Häuschen im alten Johanniskirchhof. Ein Teil des 1254 gegründeten Franziskanerklosters dient heute als Stadtarchiv. Der Kapitelsaal, die Barockbibliothek, der sog. Räucherboden und der schmucke Rosengarten können besichtigt werden. Eine Kopie der ›Pietà‹ von Ernst Barlach steht als Mahnmal gegen die Unmenschlichkeit des Krieges im Chor der *Klosterkirche*, von der seit dem Zweiten Welt-

krieg allerdings nur noch die Außenmauern emporragen.

Zwischen Johannis- und Katharinenkloster [s. S. 120] ist die alte *Stadtbefestigung* mit zwei Stadttoren, Wiekhäusern (ehem. Verteidigungsanlagen) und der Mauer erhalten bzw. rekonstruiert worden. Dort, wo die *Knieperstraße* aus der Stadt hinausführt, steht seit 1293 das kleine **Kniepertor** ❾, dessen Torturm heute eine der hübschesten Wohnungen der Altstadt birgt. Auf der anderen Seite des Tors steht am *Olof-Palme-Platz* das Stralsunder Stadttheater, ein mächtiger neoklassizistischer Bau, der 1916 fertig gestellt wurde und heute als **Theater Vorpommern** ❿ [s. S. 125] auch Publikum aus dem Umland Stralsunds anzieht. Gegenüber in den Grünanlagen ist kampfbereit der fesche preußische Major *Ferdinand von*

Eine hoch aufragende Spätrenaissance-Fassade (1660) ziert das Scheelehaus, in dem der Chemiker Carl Wilhelm Scheele 1742 geboren wurde

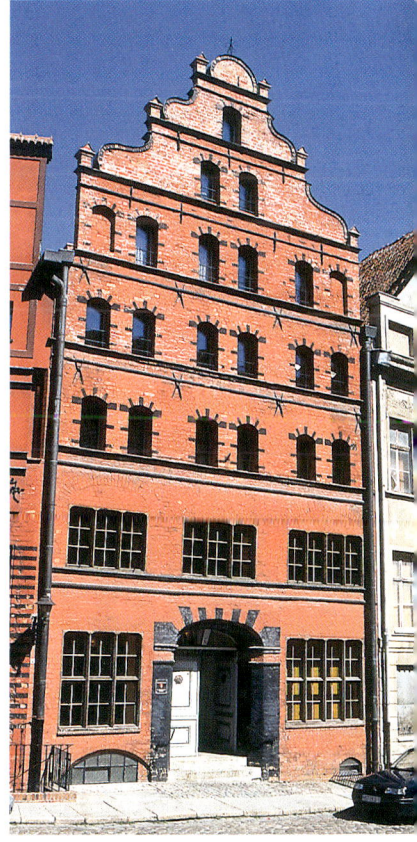

Schill auf einem Sockel postiert. Seiner wird gedacht, weil er 1809 im Kampf gegen Napoleon sein Leben lassen musste.

Vom Alten Markt geht die parallel zur Stadtbefestigung geschwungene *Mühlenstraße* ab, in der gleich zu Anfang einige der schönsten Häuser der Stadt mit den typischen hochgezogenen Giebeln des Hanse-Baustils stehen: das nach dem damaligen Bürgermeister Bertram Wulflam benannte **Wulflamhaus** ⑪ (Alter Markt 5), um 1380 erbaut und besonders gut erhalten, das Haus **Mühlenstr. 1** ⑫ (13. Jh.), ältestes Giebelhaus Stralsunds, und das **Dielenhaus** ⑬ (Mühlenstr. 3) aus dem 15. Jh., benannt nach der für den Warenein- und Ausgang extra groß angelegten Diele. In ihrem weiteren Verlauf befindet sich die Mühlenstraße derzeit im Umbruch. Nach umfangreichen archäologischen Arbeiten entstehen dort einige Neubauten, welche die vorhandenen Baulücken schließen. Der **Kampische Hof** ⑭ (Mühlenstr. 23) ist eine Dreiflügelanlage aus dem 14./15. Jh., die einst zum Zisterzienserkloster Neuenkamp gehörte. Sein Giebel stammt aus dem 18. Jh. Trotz eines staatlich geförderten Forschungsvorhabens zur Erhaltung von Speicher und Wohnhaus konnte noch keine neue Nutzung gefunden werden.

Die Mühlenstraße endet am 1446 errichteten, beidseitig mit Blenden gegliederten **Kütertor** ⑮, dem zweiten noch erhaltenen Stadttor mit seinem barocken Spitzdach. Es steht eng eingekeilt zwischen mittelalterlichen Fachwerk- und Ziegelbauten, dem alten Torschließerhaus (18. Jh.) und einigen kleinen Geschäften und Lokalen.

Der Museumskomplex im Katharinenkloster

Vom Kütertor sind es nur wenige Schritte zum ehem. **Katharinenkloster** ⑯ (Mönchstr. 25–27), das mit dem Kulturhistorischen Museum und dem Deutschen Meeresmuseum die größten Besuchermagneten der Stadt beherbergt. Das Kloster wurde im 13. Jh. von Dominikanermönchen gegründet, 1317 war die Kirche fertig gestellt, die weiteren Bauten entstanden bis ins 15. Jh. Mit der Reformation ging das Kloster an die Stadt über und wurde ab 1559 als Schule und Waisenhaus genutzt. Auch Ernst Moritz Arndt war hier Schüler. Der Komplex beeindruckt durch seine großzügige Anlage mit über 50 Räumen, zwei Kreuzgängen und der gotischen Katharinenkirche. Der einschiffige Bau ragt weit über die umgebenden Altstadthäuser hinaus.

Einer der schönsten Backsteinbauten der Stralsunder Altstadt ist zweifelsohne das um 1380 errichtete Wulflamhaus mit seinem reich verzierten Staffelgiebel

Himmelwärts – bei der meisterlich filigran gestalteten Backsteinfassade des Stralsunder Rathauses wollte man hoch hinaus

Eine würdevolle Baukunst – die Backsteingotik

Der Backstein wurde in den natursteinarmen Gebieten Norddeutschlands für den Bau repräsentativer Gebäude verwendet. Die ersten Bauten, die mit diesem teuren Material errichtet wurden, waren die Kirchen, die nach der dänischen Christianisierung in Norddeutschland ab 1168 entstanden. In den aufgrund des Ostseehandels wohlhabend gewordenen Städten wurden gegen Ende des 13. Jh. sowie im 14. und 15. Jh. bald große hochgotische Kirchen anstelle kleinerer Vorgängerbauten errichtet, wobei sich mit der zwangsläufigen Beschränkung auf diesen speziellen Baustoff sogar ein eigener Stil, die Backsteingotik, herausbildete. Dass der Backstein auch – den französischen Kathedralen gleich – zur Errichtung riesiger, mehrschiffiger Kathedralen verwendet werden konnte, zeigte das Beispiel der Lübecker Marienkirche (1277–1351). Der stolze Bau wurde zum Vorbild für gut 20 Kirchen im Einflussbereich der Hanse zwischen 1277 und 1350, davon zwei in Stralsund, die **Nikolaikirche** (um 1276) und die **Marienkirche** (um 1298). Mit zunehmender Perfektionierung der Bautechnik kam zugleich der Wunsch auf, im Backstein **Bauschmuck** zu realisieren, wie er andernorts problemlos in den weichen Sand- und Kalkstein eingearbeitet werden konnte. Es wurde dabei mit unterschiedlich geformten **Ziegeln** wie auch mit verschieden farbigen **Glasuren** gearbeitet. Eine gewisse Strenge und die Beschränkung auf eckige Formen, auf Treppen- und Staffelgiebel blieb jedoch charakteristisch für die Backsteinarchitektur dieser Zeit. Die besten Beispiele dafür bilden die vor schlichte gotische Bauten gesetzten **Schaufassaden** mit Pfeilergiebeln, Rosetten und Maßwerk, wie sie wiederum zuerst am Rathaus von Lübeck, dann aber auch in Stralsund und anderswo entstanden. Oft lagen keine 100 Jahre zwischen dem ursprünglichen Bau und der ›modernen‹ Fassade, die – wie beim **Rathaus von Stralsund** – dann auch viel höher als der dahinter liegende Bau waren, um mit der größeren Dominanz die Machtfülle auszudrücken. In der Renaissance wurde die Kunst der schmuckverzierten Backsteinfassaden weiter entwickelt. Reich verzierte Bürgerhäuser und Handelskontore, wie z. B. das **Giebel**- und das **Scheelehaus** in Stralsund, zeugen in allen norddeutschen Hansestädten davon. Erst der in geschwungenen Formen schwelgende Barock negierte den sichtbaren Backstein und verputzte seine Bauten.

Würdiger Rahmen für museale Kostbarkeiten – das im 13. Jh. gegründete Katharinenkloster beherbergt heute u.a. das Kulturhistorische Museum

In einem Teil des Klosters befindet sich seit 1924 das **Kulturhistorische Museum** (Mönchstraße 25-27, Tel. 038 31/287 90, sommers tgl. 10–17 Uhr, winters Di–So 10–17 Uhr) mit Ausstellungen zur Archäologie und Stadtgeschichte sowie zum Kunsthandwerk. Besonders hervorzuheben ist der wunderbar gearbeitete 16-teilige *Hiddenseer Goldschatz* [s. S. 106]. Meist sind auch hier aus Sicherheitsgründen Repliken zu sehen. Sehenswert sind außerdem die Gemälde der Romantiker Caspar David Friedrich und Philipp Otto Runge.

TOP TIPP In einem Teil des Klosters befindet sich seit 1974 das **Deutsche Meeresmuseum** (Katharinenberg 14-20, Tel. 038 31/265 02 10, www.meeresmuseum.de, Juni–Sept. tgl. 10–18 Uhr, Okt.–Mai tgl. 10–17 Uhr) untergebracht, dessen umfangreiche Ausstellung mit zahlreichen Schiffsmodellen, meereskundlichen und -biologischen Abteilungen sowie den 46 Aquarien mit über 1000 Meeresbewohnern aller Art, jährlich über eine halbe Million Besucher anlockt. Kinder wie Erwachsene sind fasziniert von den Riesenkraken, Haien, exotischen Kampffischen oder langbeinigen Krebsen. Ungewöhnlich ist die architektonische Lösung, mit der die gotische Hallenkirche des Klosters für das Museum umgenutzt wurde. In das Kirchenschiff wurden mithilfe von Stahlträgern zwei Obergeschosse eingezogen, während der Chorraum in seiner gesamten Dimension erhalten blieb und einen aparten Rahmen für das riesige Skelett eines 1825 vor Rügen gestrandeten Finnwals abgibt.

Zum Kulturhistorischen Museum gehören auch das in einem Gebäude von 1320 beheimatete **Museumshaus** ⓱ (Mönchstr. 38), das bürgerliche Alltagskultur der letzten Jahrhunderte auf kurzweilige Art präsentiert, sowie ein **Historischer Speicher** ⓲ (Böttcherstr. 23) in der rechtwinklig von der Mönchstraße abgehenden Böttcherstraße mit volkskundlichen Exponaten und Sonderausstellungen. Die Böttcherstraße führt zur dritten der gotischen Altstadtkirchen, **St. Jakobi** ⓳ (nach Absprache Tel. 038 31/29 04 02) einer weiteren Backsteinbasilika aus dem 14. Jh. mit einem im 15. Jh. errichteten hohen, mit Blendarkaden geschmückten Westurm. Nach schweren Kriegsschäden wurde sie als stimmungsvoller Konzertsaal wieder aufgebaut.

Am Altstadtrand

Während die zentralen Straßen und Plätze viel von ihrem alten Glanz wieder erhalten haben, sind einige Bereiche im Herzen der Altstadt und auch Randbezirke wie Franken- oder Wasserstraße von Leerstand, Verfall und Abbruch gezeichnet. Gleichwohl verdient insbesondere die Frankenstraße Aufmerksamkeit, denn sie vereint ein einzigartiges Ensemble von gotischen, barocken und klassizistischen Bürgerhäusern. Das Haus Nr. 9, die **Schiffer-Compagnie** 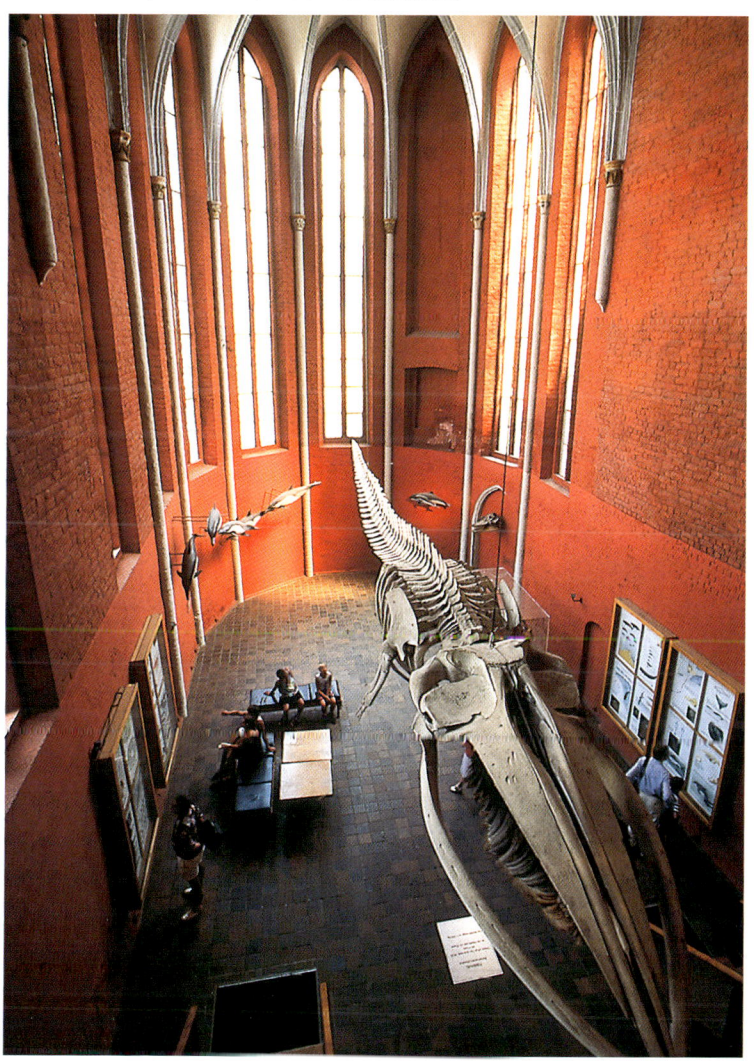⑳ (Frankenstr. 9, Tel./Fax 038 31/29 85 10, nur Gruppen bis 25 Pers. nach Voranmeldung), erhielt seinen Namen von der seit 1635 in dem Gebäude residierenden Berufsvereinigung der Stralsunder Schiffseigner und Kapitäne. Es birgt u. a. Kapitänsbilder, Schiffsmodelle und Reisemitbringsel der ›Schifferbrüder‹. Besonders schöne Bauten sind auch das gotische Giebelhaus Frankenstr. 28 und die ehem. Stadtwaage (heute Kinderbibliothek) in der Wasserstraße.

Die Frankenstraße endet am **Heilgeistkloster** ㉑ (nach Absprache Tel. 038 31/29 04 46), hinter dem das Hafengelände beginnt. Um 1325 hatte das Stift sich an der südlichen Stadtmauer niedergelassen. Die barocke Fassade des Klosters, das einst als Armenhospital diente, schließt die Altstadt zur Frankenvorstadt hin ab, der ältesten der Stralsunder Vorstädte. Die turmlose, nur mit einem Dachreiter plus Glocke verzierte **Heilgeistkirche** aus dem 15. Jh. ist ganz mit wildem Wein zugewachsen, aus dem nur die geschnitzte Tür mit der weißen Taube des Heiligen

Finnwalskelett in gotischem Chor – die einstige Klosterkirche wurde zum spektakulären Rahmen für die Exponate des Deutschen Meeresmuseums

Geistes herausschaut. Im Herbst färbt sich das Laub strahlend rot, im Einklang mit der Färbung des dahinter liegenden, lang gestreckten Hospiz-Gebäudes. Auf dem Klostergelände befinden sich eine Reihe kleiner Wohnhäuser, die hübsch restauriert worden sind.

Im Hafen

Als im 17. Jh. die Hansestädte an Bedeutung verloren, verfielen auch die Anlagen des **Hafens** 22. Erst im 19. Jh. wurden sie ausgebaut, erhielten moderne Speicherhäuser und Anlegekais. Heute wird das Stralsunder Hafengelände neu entdeckt. Seine Längs- und Querkanäle, die Brücken und der seitlich gelegene große Jacht- und Fährhafen geben eine malerische Kulisse ab zum Flanieren, für Kulturveranstaltungen, Kneipen und Cafés. In die Speicherstadt sind auch Hotels eingezogen.

Vom Fährhafen am nördlichen Ende des Hafengeländes legen regelmäßig Boote nach Altefähr auf Rügen, nach Hiddensee und zu *Hafenrundfahrten* ab. Im Sommer bietet der **Hansakai** 23 mit seinen alten Segelschiffen und Speichern

die Kulisse für Open-Air-Aufführungen des Theaters Vorpommern.

Seit 2003 liegt die **Gorch Fock I** 24 an der Fährbrücke. Die 1933 gebaute Bark fuhr von 1951 bis 1991 als ›Tovarishch‹ (Genosse) unter sowjetischer Flagge und diente anschließend der Ukraine als Schulschiff. 2003 erwarb der Verein Tall Ship den stark reparaturbedürftigen Segler, dessen Instandsetzung, unterstützt von Spendengeldern, noch eine Weile dauern wird. Geplant ist, die Segelfähigkeit bis zum 75. Geburtstag des Schiffes im Jahr 2008 wieder herzustellen.

Auf der nördlichen Hafeninsel lädt ab Sommer 2008 das **Ozeaneum** 25 (www.ozeaneum.de, Juni–Sept. tgl. 9.30–21, Okt.–Mai tgl. 9.30–19 Uhr), eine Dependance des Deutschen Meeresmuseums, in dem mit 50 Mio. Euro größten Museumsneubau Norddeutschlands ein zu einer spannenden Reise durch die Meereswelten zwischen Ostsee und Nordpol. Auf einer Fläche von insgesamt 8700 m² entstanden 40 Schaubecken, das größte Becken mit einer 13 x 5 m großen Panoramascheibe soll allein 2,6 Mio. Liter Wasser fassen. Außerdem sind interaktive Ausstellun-

Seit sich der Stralsunder Hafen mit seinen alten Speicherhäusern und malerischen Kanälen zum attraktiven Pflaster wandelt, flanieren hier auch Landratten gerne

gen zum Weltmeer, den Walen, der Ostsee und der Meeresforschung geplant.

Im Grünen

Jenseits der Teiche beginnen Stralsunds Vorstädte aus der Gründerzeit und dahinter die Plattenbauviertel der DDR. Der nach Westen vom Knieperteich abzweigende **Moorteich** mit dem anschließenden **Stadtwald** teilt diesen Vorstadtgürtel wie ein Keil. Knapp 6 km lang ist der Rundweg um den Moorteich, einer der schönsten Spaziergänge, den die Umgebung zu bieten hat. Am Ende des Stadtwalds gehen die Grünflächen in den **Tierpark** (Eingang Grünhufer Bogen, März–Okt. tgl. 9–19 Uhr, Nov.–Febr. tgl. 9–16 Uhr) über. Der gepflegte Zoo gehört zwar nicht zu den ganz großen, aber er ist ansprechend gestaltet und auf 15 ha, inkl. Südamerikahaus und Schaubauernhof, tummeln sich über 1000 einheimische und exotische Tiere in den Freigehegen.

Dänholm

Vor Stralsund liegt – getrennt durch den schmalen Ziegelgraben – die Insel Dänholm mit großen Grünanlagen, dem sog. Nautineum, dem Marinemuseum und einem Jachthafen. Auf die Insel führt die Ziegelgrabenbrücke, eine Klappbrücke, die zu festgelegten Zeiten geöffnet wird, um größere Schiffe passieren zu lassen. Auf Dänholm geht sie dann in den etwa 2 km langen Rügendamm über, der das Festland über den Strelasund mit der Insel Rügen verbindet.

Genau genommen besteht Dänholm aus zwei durch den Dänholmkanal getrennten Inseln, dem Großen und dem Kleinen Dänholm, der vor dem südlichen Ende des Ersteren liegt. Auf der landseitigen Spitze des Kleinen Dänholms ist am Kanal eine Außenstelle des Stralsunder Meeresmuseums eingerichtet worden, das **Nautineum Dänholm** (Tel. 038 31/28 80 10, www.meeresmuseum.de/nautineum, Juni–Sept. tgl. 10–18 Uhr, Mai, Okt. tgl. 10–17 Uhr, im Winter geschl.). Nach Umbau der einstigen Garnisonsinsel, auf der die preußische Marine gegründet wurde, sind hier in verschiedenen Gebäuden bewahrenswerte Großexponate aus der Meeresforschung, der Seefahrt, der vorpommerschen Küstenfischerei und der deutschen Hochseefischerei dem Publikum zugänglich gemacht worden.

Lohnend ist auch ein Besuch des auf dem Großen Dänholm rechts des Rügendamms gelegenen **Marinemuseums**

Dänholm (Tel. 038 31/29 73 27, www.marinemuseum-daenholm.de, tgl. 10–17 Uhr), einer Außenstelle des Kulturhistorischen Museums. Die Geschichte der Marine von preußischer Zeit bis in die Gegenwart wird anhand zahlreicher Exponate (Uniformen, Flaggen, Ausrüstungsgegenstände etc.) aufgerollt. Auf einer großen Freifläche sind u.a. der Marinehubschrauber Mi 8T und ein Torpedoschnellboot der Volksmarine zu besichtigen.

ℹ Praktische Hinweise

Information

Tourismuszentrale der Hansestadt Stralsund, Alter Markt 9, Stralsund, Tel. 038 31/246 90, Fax 038 31/24 69 22, www.stralsundtourismus.de

Zimmervermittlung, Tel. 038 31/24 69 69, Fax 038 31/24 69 49

Stadtführungen, von der Tourismuszentrale, ab Alter Markt 9, Mai–Sept. tgl. 11 (1 Std.) und 14 Uhr (2 Std.)

Stadtrundfahrten mit der Hanse-Bahn, Tel. 038 31/49 03 72, Mai–Okt. ab Neuer Markt, vor der Marienkirche, im Sommer etwa stündlich ab 11 Uhr

Öffentliche Verkehrsmittel

Zentraler Busbahnhof, Am Altstadtrand zwischen Frankenwall und Weidendamm, die Buslinie 2 fährt zur Insel Dänholm und nach Altefähr auf Rügen, www.stadtwerke-stralsund.de

Schiff

Weiße Flotte, Fährstr. 16, Stralsund, Tel. 038 31/268 10 oder 01 80/321 21 20, www.weisse-flotte.com. Vom Fährhafen verkehren Boote nach Altefähr auf Rügen (Mai–Okt. ca. 8-mal tgl., 15 Min. Fahrzeit) und nach Hiddensee (2- bis 3-mal tgl., 1,5–2 Std. Fahrzeit); *Hafenrundfahrten* um 9.45, 11.15, 14 und 15.30 Uhr.

Kultur

Theater Vorpommern, Olof-Palme-Platz, Stralsund, Tel. 038 31/264 61 24, www.theater-vorpommern.de Informationen und Karten zu den Aufführungen.

Sport

HanseDom, Grünhufer Bogen 18–20, Stralsund, Tel. 038 31/373 30, Fax 038 31/373 33 44, www.hansedom.de. Freizeit- und Erholungspark mit Wassererlebniswelt, Saunen und Thermen sowie einem Fitnesscenter.

Mecklenburger Radtour, Zunftstr. 4, Stralsund, Tel. 038 31/28 02 20, Fax 038 31/28 02 19, www.mecklenburgerradtour.de. Organisiert und vermittelt Radreisen auf Rügen, mit Gepäckservice.

Surfhaus, Fischmarkt 13, Stralsund, Tel. 038 31/29 81 52. Der Surfer-Laden schlechthin für Wind- und Kite-Surfer,

Unterhaltung garantiert

Neben den Aufführungen des Theaters Vorpommern finden in Stralsund übers Jahr eine ganze Reihe von Festen, Festivals und Kulturveranstaltungen statt. Der Sommer beginnt mit der **Stralsunder Segelwoche** im Juni. Verschiedene Regatten rufen auf zu ›Rund Rügen‹, ›Rund Hiddensee‹ oder zum Jollenwettkampf. Anfang August gibt es die **Kutter-Regatta** um das ›Blaue Band vom Strelasund‹.

Das traditionelle **Sundschwimmen** am ersten Samstag im Juli bringt seit 1925 Massen dazu, die 2,4 km von Altefähr auf Rügen bis Stralsund schwimmend zurückzulegen. Den Höhepunkt des Sommers bilden die **Wallensteintage**, ein dreitägiges Volksfest mit einem Spiel in historischen Kostümen auf dem Alten Markt und einer nächtlichen Seeschlacht auf dem Strelasund. Das Fest wird an einem der letzten Juliwochenenden zur Erinnerung an den am 24. Juli 1628 errungenen Sieg über die kaiserlichen Truppen unter Feldherr Wallenstein gefeiert.

Ein Wochenende Mitte August ist den **Tagen der Seeschifffahrt** gewidmet, wenn im Hafengebiet verschiedenartigste Schiffe festmachen. Ende August findet das einwöchige **Altstadtfest** statt, das die Straßen und Plätze in einen mittelalterlichen Markt verwandelt. Unter dem Motto **Musik in Ruinen** laden den Sommer über verschiedene Spielplätze zu Musik- und Filmvorführungen, u. a. in der würdevollen Kirchenruine des Johannisklosters.

Stimmungsvoll ist der traditionelle **Weihnachtsmarkt**, der sich vom Neuen Markt über die Ossenreyerstraße bis zum Alten Markt hinzieht. ›Erfrischend‹ dagegen ist das **Eisbaden** des Winterschwimmervereins ›Stralsunder Walrosse‹ im Januar.

Board- und Segelreparatur. Bietet auch Surfkurse an.

Einkaufen

Goethe-Buchhandlung Weiland, Ossenreyerstr. 14, Stralsund, Tel. 038 31/29 24 66. Bietet ein breites Spektrum von Literatur, auch über die Stadt und die Insel Rügen, Fahrradkarten etc. Verkauf von Konzertkarten.

Hanse-Galerie, Badenstr. 44, Stralsund, Tel./Fax 038 31/29 28 89, Mo–Fr 10–14, Sa 11–14 Uhr. Zeitgenössische Kunst und Schmuck kann angeschaut und gekauft werden, im angeschlossenen ArtCafé sitzt man gemütlich.

Nachtleben

Alte Brauerei, Greifswalder Chausee 84–85, Stralsund, Tel. 038 31/25 52 80, www.altebrauerei.com. 1831 erbaute Eventlocation mit vielfältigem Veranstaltungskalender. Jeden zweiten Samstag große Brauerei-Party.

Hotels

Hotel Dänholm, Marinehafen 15, Stralsund Tel. 038 31/29 70 90, Fax 038 31/29 70 99, www.hotel-daenholm.de. Modernes, komfortables Haus direkt am Yachthafen auf der Insel Dänholm, mit Sauna, Fahrrad- und Bootsverleih

Klabautermann, Am Querkanal 2, Stralsund, Tel. 038 31/29 36 28, Fax 038 31/28 06 12, www.pension-klabautermann.de. Kleine Pension am Hafen mit Kneipe und Tischen vor dem Haus.

Kontorhaus, Am Querkanal 1, Stralsund, Tel. 038 31/28 98 00, Fax 038 31/28 98 09, www.kontorhaus-stralsund.de. Das gepflegte Haus ist klein und stilvoll ausgestattet und liegt zentral und ruhig. Der Neubau passt sich gut in das Ambiente von Speichern und Hafengebäuden im Stralsunder Stadthafen ein.

Norddeutscher Hof, Neuer Markt 22, Stralsund, Tel. 038 31/29 31 61, Fax 038 31/28 79 39, www.nd-hof.de. Gegenüber der Marienkirche steht die kleine Herberge mit behaglichen Zimmern. Der gemütliche Gastraum mit Kachelofen lädt zum Verweilen ein.

Royal-Hotel, Tribseer Damm 4, Stralsund, Tel. 038 31/29 52 68, Fax 038 31/29 26 50, www.royal-hotel.de. Ein fürstliches Jugendstilgebäude mit liebevoll ausgestatteten Zimmern.

Villa Beer, Carl-Heydemann-Ring 27, Stralsund, Tel. 038 31/27 04 56, Fax 038 31/272 10 27, www.pension-villa-beer.de. Familiengeführte Pension in der Nähe des Bahnhofs mit bequem ausgestatteten Zimmern mit bis zu vier Betten.

Restaurants

TOP TIPP **Tafelfreuden im Sommerhaus**, Jungfernstieg 5 a, Stralsund, Tel. 038 31/29 92 60, www.tafelfreuden-stralsund.de. Am Knieper Teich gelegenes hübsches Haus mit kreativer Gourmetküche. Mit Blick auf die Altstadt. Auch einige individuell gestaltete Hotelzimmer werden vermietet (Mo. geschl.).

Torschließerhaus, Am Kütertor, Stralsund, Tel. 038 31/29 30 32. Ob das direkt neben dem alten Stadttor gelegene Haus wirklich von 1281 stammt, sei dahingestellt. Das Lokal, das deutsche Gerichte auf der Speisekarte führt, ist jedenfalls rustikal und gemütlich.

Wulflamstuben, Alter Markt 5, Stralsund, Tel. 038 31/29 15 33. In dem historischen Giebelhaus bietet das kleine Lokal regionale Küche in gemütlichem Ambiente.

Zum Alten Fritz, Greifswalder Chaussee 84–85, Stralsund, Tel. 038 31/25 55 00. Auf dem Gelände einer alten Brauerei am Stadtrand gelegene Brauereigaststätte mit kunterbunt eingerichtetem Gastraum. Regionale und internationale Spezialitäten.

Zur Kogge, Tribseer Str. 25, Stralsund, Tel. 038 31/28 58 50. Traditionelle Fischgerichte in guter Qualität.

Cafés

Brasserie Grand-Café, Neuer Markt 2, Stralsund, Tel. 038 31/70 35 14. Modernes Lokal mit Wintergarten zum Hof und großer Terrasse auf den Neuen Markt hinaus. Große Kaffeeauswahl und vielseitige Karte mit kleinen und größeren Speisen zu jeder Tageszeit.

Bars

Alte Wache, Knieperwall 14, Stralsund, Tel. 038 31/29 21 30. Stilles gemütliches Plätzchen in dem winzigen Lokal mit seinem schönen Biergarten an der Stadtmauer (So. geschl.).

Kaffee-Bar Brazil, Am Querkanal 4, Stralsund, Tel. 038 31/29 84 80. Eines der neuesten In-Lokale im zum Kneipenviertel aufsteigenden Hafenareal. Von Caipirinha bis zu einem steifen Grog gibt es alles, wonach es Land- und Wasserratten gelüsten könnte (tgl. ab 21 Uhr).

Rotspon, Alter Markt 13, Stralsund, Tel. 038 31/28 88 45. Altstadt-Weinstube in einem uralten Kellergewölbe mit mittelalterlichem Brunnen (So. geschl.).

Bei den Wallensteintagen im Juli sind auf dem Alten Markt die prächtigen historischen Kostüme der hellebardenbewehrten Gardisten zu bewundern

Sie haben es gut.

TRAVEL CHARME
Hotels & Resorts

So nah waren Sie
noch nie so weit weg

An Alltag wird Sie hier nichts mehr erinnern. Exklusive 4- bis 5-Sterne Superior-Hotels erwarten Sie in den schönsten Regionen Deutschlands und Öste reichs – auf Rügen und Usedom, in Potsdam, im Harz und am Achensee in Tiro Ob endlose Strandspaziergänge, bewusste Ernährung oder wohltuende Entspa nung in unseren PURIA Spas. Unsere ganze Vielfalt – Ihr schönster Urlaub.

Mehr Informationen, mehr Vorfreude, mehr Urlaub:
Telefon: 0 18 05 / 46 44 46 (0,14 €/Min.) oder unter www.travelcharme.com

Rügen aktuell A bis Z

■ Vor Reiseantritt

ADAC Info-Service:
Tel. 018 05/10 11 12, Fax 018 05/30 29 28
(0,14 €/Min.)

ADAC im Internet:
www.adac.de
www.adac.de/reisefuehrer

Rügen im Internet:

www.ruegen.de
www.ruegen.com
www.ruegen-abc.de
www.kreidefelsen.de

Allgemeine Informationen über
Rügen erteilt:

Tourismuszentrale Rügen,
Bahnhofstr. 15, 18528 Bergen,
Tel. 038 38/807 70, Fax 038 38/25 44 40,
www.ruegen.de.

Die Tourismuszentrale gibt jährlich ein
Gastgeberverzeichnis für ganz Rügen
und Hiddensee heraus, das auch Adressen und Telefonnummern von Fremdenverkehrsämtern enthält.

Für einzelne Regionen auf Rügen
wende man sich an:

Fremdenverkehrsverein Binz e. V.,
Paulstr. 2 (Ecke Hauptstr.), 18609 Binz,
Tel. 03 83 93/66 57 40, Fax 03 83 93/
66 57 50, www.gastgeber-binz.de.

Informationen, Karten für Ausflugs-
fahrten und Veranstaltungen.

Insel Information Hiddensee GmbH,
Norderende 162, 18565 Vitte,
Tel. 03 83 00/642 26, Fax 03 83 00/642 25,
www.seebad-hiddensee.de.
Kurverwaltung, Zimmervermittlung
und Gästeinformation.

Kurverwaltung Göhren,
Poststr. 9, 18586 Göhren,
Tel. 03 83 08/667 90, Fax 03 83 08/
66 79 32, www.ostseebad-goehren.de.
Zimmer- und Ferienwohnungs-
vermittlung.

Tourismus-Service-Wittow,
Ringstr. 6, 18556 Seebad Juliusruh.
Tel. 03 83 91/130 50, Fax 03 83 91/130 52,
www.ruegen-tsw.de. Vermittlung von
Ferienwohnungen und -häusern.

Touristeninformation Bergen,
Markt 23, 18528 Bergen, Tel. 038 38/
81 12 76, Fax 038 38/81 11 27, www.stadt-
bergen-auf-ruegen.de. Informationen,
Zimmervermittlung, Ticketservice.

Kurverwaltung Sellin,
Warmbadstraße 4, 18586 Ostseebad
Sellin, Tel. 03 83 03/16 16, Fax 03 83 03/
162 00, www.ostseebad-sellin.de. Zimmervermittlung, Radwanderungen.

■ Allgemeine Informationen

Tourismusämter

Tourismusämter und Kurverwaltungen
der einzelnen Orte sind unter den jeweiligen **Praktischen Hinweisen** zu finden.

Notrufnummern und Adressen

Polizei: Tel. 110

Feuerwehr, Notarzt: Tel. 112

Sana Krankenhaus, Calandstr. 7/8,
Bergen, Tel. 038 38/390

ADAC-Pannenhilfe: Tel. 018 02/22 22 22
(rund um die Uhr, 0,06 €/Anruf)

**ADAC-Pannenhilfe in allen
Mobilfunknetzen:**
Tel. 22 22 22

ADAC-Rettungshubschrauber:
Tel. 110 oder 112

ADAC-Straßendienst Bergen:
Tel. 038 38/802 40, 01 71/14 72 27

ADAC-Geschäftsstelle:
Frankenstr. 1, 18439 Stralsund,
Tel. 01805/10 11 12 (0,14 €/pro Min.)

Wasserschutzpolizei:
Sassnitz, Tel. 03 83 92/30 80
Schaprode, Tel. 03 83 09/14 17
Stralsund, Tel. 0 38 31/261 40

Grenzübergänge

Für Bootsausflüge nach Bornholm (Dänemark), Trelleborg (Schweden) oder Swinemünde (Polen) sollte man Reisedokumente mit sich führen.

■ Anreise

Auto

Informations- und Kartenmaterial können Mitglieder des ADAC kostenlos bei den ADAC-Geschäftsstellen oder unter Tel. 018 05/10 11 12 (0,14 €/Min.) anfordern. Außerdem ist im ADAC Verlag (www.adac.de/verlag) der Reiseführer *Mecklenburg-Vorpommern* erschienen.

Drei große Bundesstraßen treffen in Stralsund zusammen, die B 105 aus dem Westen, die B 194 aus dem Süden und die B 96 aus dem Südosten. Sie alle münden in die sich als B 96 über den Rügendamm fortsetzende Landstraße nach Bergen und Sassnitz. Der Rügendamm wird 5-mal täglich für jeweils 20 Minuten geschlossen, um die **Ziegelgrabenbrücke** zu öffnen (2.30–2.50 Uhr, 5.20–5.40 Uhr, 9.20–9.40 Uhr, 17.20–17.40 Uhr, 21.30–21.50 Uhr) und großen Schiffen die Durchfahrt zu ermöglichen. Im Hochsommer ist der Rügendamm besonders an den Wochenenden hoffnungslos überlastet und lange Staus sind die Regel. Auf der Insel selbst wird das Fahren mit Licht empfohlen.

Eine **Autofähre** verbindet Stahlbrode mit Glewitz auf Rügen (www.weisse-flotte.com/de/auto.htm, April, Okt. tgl. 6–20.10, Mai–Sept. tgl. 6–21.40 Uhr).

Die Insel **Hiddensee** ist autofrei. Im Fährort Schaprode auf Rügen gibt es deshalb einen Großparkplatz für Tagestouristen und Langzeitparker.

Bahn

Die Deutsche Bahn unterhält fast stündlich Fernverbindungen zwischen Stralsund und Berlin (Hauptbahnhof), Hamburg (zum Teil mit Umsteigen in Rostock und/oder Lübeck) sowie Rostock, Greifswald, Eberswalde und Prenzlau.

Von Stralsund fahren Züge über Bergen nach Sassnitz bzw. über Bergen nach Binz auf Rügen. Einmal täglich fährt auch ein **Intercity**. Info:

Deutsche Bahn, Tel. 118 61 (persönliche Auskunft, gebührenpflichtig), Tel. 08 00/150 70 90 (sprachgesteuert, kostenlos), www.bahn.de

Es gibt auch einen kostengünstigen Zug der Connex-Gruppe von Leipzig bzw. Berlin nach Stralsund und zurück. Info:

Connex, Tel. 018 05/10 16 16 (0,14 €/Min.), www.interconnex.info

Autoreisezüge fahren von Stuttgart bzw. Frankfurt bis nach Sassnitz. Info:

Deutsche Bahn Autozug, Tel. 018 05/24 12 24, www.autozug.de

Bus

Vom **Zentralen Omnibusbahnhof** in **Stralsund** (am Altstadtrand zwischen Frankenwall und Weidendamm) fahren regelmäßig Busse nach Bergen und zu anderen Orten auf Rügen. Info:

Tel. 038 31/47 16 00, www.nahverkehr-stralsund.de

Flugzeug

Während sich die nächsten internationalen Verkehrsflughäfen einige Fahrstunden entfernt in Hamburg oder Berlin befinden, ist für Privat- und Sportflugzeuge auch ein kleiner Flugplatz auf Rügen vorhanden, bei Güttin, südwestlich von Bergen (Flughafen Güttin, Tel. 03 83 06/12 89). Dort werden auf Anfrage auch Zubringerdienste zu den großen Flughäfen vermittelt.

Schiff

Nach Rügen: Es gibt eine Personenfähre zwischen Stralsund und Altefähr (Mai–Okt. ca. 8-mal tgl., 15 Min. Fahrzeit) sowie eine Auto- und Personenfähre zwischen Stahlbrode und Glewitz (April, Okt. tgl. 6–20.10, Mai–Sept. bis 21.40 Uhr).

Nach Hiddensee: Personenfähre ab Stralsund nach Neuendorf, Vitte, Kloster 1,5–2 Std. Fahrzeit; ab Schaprode nach Neuendorf 30 Min., nach Vitte und Kloster 45 Min.

Reederei Hiddensee GmbH, Fährstr. 16, 18439 Stralsund, Tel. 038 31/26 81 30, Infotel. 01 80/321 21 50 (0,09 €/Min.), www.reederei-hiddensee.de

Weiße Flotte GmbH, Fährstr. 16, 18439 Stralsund, Tel. 038 31/26 810, Infotel. 01 80/321 21 20, www.weisse-flotte.com. Bedient die Glewitzer Auto- und Personenfähre (s. o.) und die Wittower Fähre.

Adler-Schiffe, Tel. 03 83 78/477 90, www.adler-schiffe.de. Bietet im Sommer Ausflüge ab Sassnitz und Binz nach Swinemünde an, zollfreier Einkauf an Bord.

Fährhafen Sassnitz, Tel. 03 83 92/550, www.faehrhafen-sassnitz.de

Bank und Post

Öffnungszeiten der **Banken** sind in der Regel Mo–Fr 8.30–12.30 und 14–16 Uhr, der **Post** Mo–Fr 8–12 und 14–18 Uhr, Sa 8–12 Uhr. Bank- und Postfilialen gibt es in fast allen Orten auf Rügen, auf Hiddensee nur in Vitte.

Denkmäler

Auf Rügen und Hiddensee gibt es um die 1200 Baudenkmäler, 2300 Bodendenkmäler und 110 Naturdenkmäler. Das Landkreisamt hat 110 davon speziell ausgeschildert. Überall auf der Insel sind die blassgrünen Wegweiser mit einem Symbol zu sehen, das einem vierblättrigen Kleeblatt gleicht und mit einem Kurztitel wie ›Großsteingrab‹, ›Dorfkirche‹, ›Schloss‹ o. ä. auf interessante Sehenswürdigkeiten hinweist. Am jeweiligen Punkt informieren Tafeln über die Denkmäler.

Einkaufen

Geschäfte haben in den meisten Orten auf Rügen die üblichen **Öffnungszeiten**, in den Ostseebädern dagegen öffnen viele Geschäfte auch sonntags. Die meisten Restaurants haben in der Saison keinen Ruhetag, schließen dafür aber im Winter oft einen ganzen Monat oder mindestens zwei Tage die Woche (oft So/Mo).

Souvenirs

Neben den Andenken, die man selber sammelt, wie Feuersteine, Hühnergötter oder Muscheln, gelten Produkte aus Bernstein und Sanddorn sowie Räucherfisch als typische Rügener Spezialitäten. Die **Fischräuchereien** in Lietzow, Lohme, Baabe u. a. bieten ihren frisch geräucherten Fisch auch eingeschweißt an, sodass er gerne als Mitbringsel genommen wird.

Zunehmend werden Rügener Landwirtschaftsprodukte wegen ihrer hohen Qualität und ihrer ökologischen Produktionsweise gerühmt. Man erhält sie bei:

Rügener Landschlachterei, Hauptstr. 6 b, Bergen, Tel. 038 38/25 19 55, www.ruegenfleisch.de

Hofgut Bisdamitz, Dorfstr. 1, Bisdamitz bei Lohme, Tel. 03 83 02/92 07, www.hofgut-bisdamitz.de. Biolandhof mit Verkaufsstelle, eigene Käserei und Bäckerei.

Erste Rügener Edeldestillerie, Lieschow Nr. 17, beim Ort Ummanz, Tel. 03 83 05/553 00, www.1ste-edeldestillerie.de. In dieser Edelobstbrennerei werden heimische Obstsorten verarbeitet.

Insbesondere auf Hiddensee werden alle Varianten von **Sanddornprodukten** angeboten, die wegen ihres hohen Vitamin-C-Gehaltes gesund und beliebt sind: Marmelade, Saft, Sirup, Fruchtmus, Honig u. a.

Traditionelle Landgasthöfe – Genuss unter jahrhundertealten Bäumen

Essen und Trinken

Die bodenständige Landesküche Vorpommerns ist an den Früchten der Erde und des Meeres ausgerichtet, d. h. sie besteht aus Fisch und Wild, deftigem Brot, Kartoffeln und allen möglichen Kohlvarianten. So veranstalten von September bis Dezember einzelne Hotels und Restaurants spezielle Kohlwochen, bei denen das Wintergemüse in vielfältigsten Variationen auf den Tisch kommt.

Zu unterscheiden sind traditionelle Vorpommersche und Rügener Gerichte, die vielfach aus der Arme-Leute-Küche der Bauern und Fischer stammen, und die junge Gourmet-Küche der Köche in Restaurants und Hotels, die aus den frischen Zutaten der Region oftmals außerordentlich gelungene, neue Kreationen schaffen.

Zu den **traditionellen Gerichten** gehören Suppen und deftige Eintöpfe wie z. B. Schotenrahmsuppe mit Rotwurst, Kartoffelsuppe mit Rauchfleisch und Steckrübeneintopf mit gepökelter Gänsekeule. Bei den Hauptgerichten zeigt sich eine besondere Vorliebe für Süßsaures: Bei *Himmel und Erde* handelt es sich um Kartoffeln mit Äpfeln, dazu wird Speck oder Blut- und Leberwurst gereicht. *Schwarzsauer von Schweinefleisch* ist ein Gericht, bei dem Bier-Essig, Schweineblut, Backobst und Klöße eine tragende Rolle spielen. Eine Variante davon mit Gänseblut ist *Zweierlei Schwarzsaures*.

Unvergleichlich gut schmeckt auf der Insel natürlich der fangfrische Fisch, der auf vielerlei Art zubereitet wird: Neben Aalsuppe, Zandersülze, Heringskartoffeln

Mit Buchenholz-Aroma: frischer Räucherfisch aus der Traditionsräucherei Lietzow

und Rügener Zwiebelfisch gehört Räucherfisch aller Art zu den traditionellen Speisen.

Auch **Süßspeisen** sind seit jeher sehr beliebt, so z. B. der Pommersche Bratapfel mit Zucker und Zimt oder die Rote Grütze mit Vanillesauce und nicht zu vergessen, der Sanddornkuchen.

Zu den **neuen Kreationen** gehören Fischgerichte wie z. B. Ostseedorsch mit jungem Wirsing und Sanddornsauce oder auch Dorschroulade, gefüllt mit Charlotten, Dill und Bauchspeck. Ein besonderes Aroma zeichnet das Barschfilet in Weingelee aus. Damhirschleber auf Jägerkohl oder gebeizter Wildschweinsteak an Kirsch-Mandelsauce bescheren auch der Wildküche neue Geschmacksnuancen. Und der Rügener Vorliebe für Süßsaures wird der mit Backpflaumen gefüllte Keulenbraten vom Weidelamm gerecht.

Feste und Feiern

Feiertage

Neujahr (1. Januar), Karfreitag, Ostermontag, Tag der Arbeit (1. Mai), Christi Himmelfahrt, Pfingstmontag, Tag der Deutschen Einheit (3. Oktober), Reformationstag (31. Oktober), Weihnachten (25./26. Dezember).

Feste

Die meisten Feste sind erst nach der Wende im Zuge des Tourismus-Marketing entwickelt worden, haben jedoch begonnen, sich als feste Einrichtungen zu etablieren. Hier eine Auswahl:

Februar
Ummanz: *Pferde-Fasching*

März/April
Binz: *Osterfeuer* am Binzer Strand
Stralsund, Ummanz, Zirkow: *Ostermarkt*

Mai
Altefähr: *Heringsfest*

Baabe: Beim *Reusenfest* demonstrieren Fischer u.a. den Reusenfang, flicken Netze und räuchern Fisch auf dem Marktplatz.

Bergen: *Burgwall- und Turmparty*

Binz: Am 1. Mai wird mit dem *Anbaden der Hoteliers* offiziell die Saison eröffnet.

Glowe: *Hafenfest*

Juni

Baabe, Göhren, Kap Arkona: *Mittsommerfest*

Binz: *Seebrückenfest*

Breege-Juliusruh: Die *Saalhundregatta* im Breeger Bodden erhielt ihren Namen von den dort stehenden Saalhundsteinen.

Göhren: *Rügener Folklorefest*

Stralsund: *Sundische Tage* mit Stralsunder Segelwoche [s. S. 126]

Juli

Binz: *Beach-Volleyball-Masters-Turnier*

Göhren: *Strandfest*

Lauterbach: *Hafenfest*

Sassnitz: *Rügener Hafentage*

Sellin: *Seebrückenfest*

Stralsund: *Sundschwimmen* und *Wallensteintage* [s. S. 126]

August

Baabe: *Baaber Fischerfest*

Binz: *Granitzer Schlossfest*

Stralsund: *Altstadtfest*

Ummanz: Traditionelles Reiterfest *Tonnenabschlagen* [s. S. 99]

September

Bergen: Rügenmesse *Rügana* mit kulturellem Rahmenprogramm

Putbus, Lauterbach: *Erntefest*

Oktober

Bergen: *Oktoberfest*

Göhren: *Internationaler Mönchgut-Marathon* und *Deutsches Bernsteinfest* mit Wahl der deutschen Bernsteinkönigin

Ummanz: Höhepunkt des Volksfestes *Internationaler Kranichlauf* ist der 17,6 km lange Lauf ›Rund um Ummanz‹.

November

Ummanz: *Bauernball*, ein festlicher Bauerntanz mit Tombola

Dezember

Bergen, Sassnitz, Stralsund: *Weihnachtsmarkt*

■ Klima und Reisezeit

Rügen gilt zusammen mit Usedom als die sonnigste Region Deutschlands. Die Witterung liegt im ständig wechselnden Einflussbereich von maritimem nordeuropäischen und kontinentalem osteuropäischen Klima. Das Inselklima zeichnet sich durch frische Winde und viel Sonnenschein aus. Bei geringen Windstärken macht sich der tageszyklische Verlauf der unterschiedlichen Erhitzung von Land- und Seemassen bemerkbar. Dadurch wehen auch bei großer Hitze tagsüber leichte Seewinde, während es nachts zu schwachen Landwinden kommt.

Klimadaten Rügen

Monat	Luft (°C) min./max.	Wasser (°C)	Sonnen- std./Tag	Regen- tage
Januar	-2/ 2	3	1	9
Februar	-2/ 2	2	3	8
März	0/ 4	3	4	7
April	4/ 9	5	6	8
Mai	7/13	8	8	7
Juni	12/18	13	10	7
Juli	14/20	16	9	9
August	15/20	16	8	9
September	12/17	15	6	9
Oktober	8/12	12	4	9
November	4/ 8	8	2	10
Dezember	1/ 4	5	1	11

Auf Rügen ist beinahe das ganze Jahr über Saison. Während sich die Haupt-Badesaison von Mai bis Mitte September erstreckt, kommen besonders die Wanderer und Fahrradfahrer im Frühjahr und Herbst auf ihre Kosten. Auch Weihnachten ist Hochbetrieb. Kurze Saisonpausen, in denen einige Pensionen und Speiselokale schließen, entstehen lediglich im November und Februar – vielleicht ein Anlass, sich gerade dann zu einem besonders ruhigen Urlaub auf die Insel zurückzuziehen!

■ Kultur live

Theater

Theater Vorpommern, Olof-Palme-Platz, Stralsund, Information und Kartenservice unter Tel. 038 31/26 46 124 oder Tel. 01 80/505 24 25 (0,14 €/Min.), www.theater-vorpommern.de

Theater Putbus, Markt 13, Putbus, Information und Kartenvorverkauf unter Tel. 03 83 01/808 30 oder Tel. 018 05/505 24 25 (0,14 €/Min.), www.theater-putbus.de

Festivals

Putbus-Festspiele: Junge Talente und etablierte Künstler musizieren im Put-

Festspiele Ralswiek – zu Störtebekers Zeiten waren die Uhren noch etwas unhandlich

buser Schlosspark und Marstall, Ende Mai/Juni. Information unter Tel. 03 83 01/881 81, www.putbus-festspiele.de

Rügener Kabarettregatta: Kleinkunst aus ganz Deutschland wird im September in Putbus auf die Bühne gebracht. Information beim Theater Putbus oder unter www.kabarett-regatta.de

Störtebeker Festspiele: Freiluftspektakel auf der Naturbühne Ralswiek, Ende Juni bis Anfang September, Mo–Sa 20 Uhr. Kartenbestellung unter Tel. 038 38/311 00, www.stoertebeker.de

Tanzwoche Hiddensee: An verschiedenen Orten der Insel führen im Juli Eleven der Gret-Palucca-Schule Dresden Tänze auf. Information bei der Kurverwaltung in Vitte unter Tel. 03 83 00/642 26

Theatersommer am Kap: Im Juli/Aug. finden Musik- und Theateraufführungen am Kap Arkona statt. Info unter Tel. 07 00/79 70 59 10, www.theatersommer-am-kap.de

Kurtaxe

Die sieben staatlich anerkannten Ostseebäder Baabe, Binz, Breege-Juliusruh, Göhren, Hiddensee, Sellin und Thiessow sowie die anerkannten sechs Erholungsorte Dranske, Glowe, Lancken-Granitz, Middelhagen, Putbus und Sassnitz dürfen Kurtaxe erheben – örtlich und saisonal schwankend, i. d. R. zwischen 0,50 und 2,30 €/Person und Tag. Diese Kurtaxe dient für Investitionen in die allgemeine Ausstattung des Kurorts, seinen Park, sein Kurhaus, Kurkonzerte, Strandpromenade u. ä., Angebote also, die dem Gast mittelbar wieder zugute kommen. Die Kurtaxe muss durch die Vermieter eingezogen werden, d. h. bei der Vereinbarung über einen Mietpreis von Hotelzimmer oder Ferienwohnung ist es wichtig zu klären, ob dieser die Kurtaxe enthält oder nicht. Der Gast bekommt einen Beleg über die Entrichtung dieser Kurtaxe und kann sich damit ausweisen, um bestimmte Vergünstigungen, z. B. Eintritt ins Haus des Gastes o. ä., zu erhalten.

Nachtleben

Wirkliches Nachtleben findet nur in wenigen Orten statt. In Sassnitz hat sich in der Altstadt eine Gruppe von Bars etabliert und in Binz haben die großen Hotels Bars und Tanzbars. Die Jugend der Insel trifft sich in Prora in der Groß-Diskothek *Miami* (Objektstr. 51, Tel. 03 83 93/326 45, www.m3-disco.de). In Stralsund gibt es entsprechende Lokale in der Hafengegend.

Nationalparks

Nationalparkamt Rügen, Blieschow 7 a, 18586 Lancken-Granitz, Tel. 03 83 03/88 50, Fax 03 83 03/885 88. Bietet geführte Wanderungen an

Nationalpark Jasmund, Nationalpark Zentrum am Königsstuhl, Tel. 03 83 92/661 70, www.nationalpark-jasmund.de, www.koenigsstuhl.com, Information und Anmeldung zu Führungen

Nationalpark Vorpommersche Boddenlandschaft, Nationalparkhaus Hiddensee, Norderende 2, Vitte, Tel. 03 83 00/680 41, www.nationalpark-vorpommersche-boddenlandschaft.de

Biosphärenreservat Südost-Rügen, Information und Anmeldung zu Führungen unter Tel. 03 83 03/885 17, www.biosphaerenreservat-suedostruegen.de

Sport

Angeln

Rügen ist eines der besten Angelreviere Deutschlands. Man kann an den Binnengewässern und an der Küste fischen oder auch dem Hochseeangeln frönen. Anbeißen können Aal, Barsch, Dorsch, Flunder und Scholle, Hecht, Zander, Hering, Meerforelle, Hornfisch, Plötz und Blei. Mit etwas Glück können Wittling, Lachs und Steinbutt beim Kutterangeln auf der Ostsee gefangen werden.

In den Küstengewässern ist das Angeln mit drei Handangeln erlaubt, das Schleppangeln ist in den Boddengewässern untersagt. Verboten ist auch die Verwendung lebender Köderfische. In den Lachsschongebieten ist die Raubfischangel vom 1. April bis 31. Mai nicht erlaubt. In den Fischschonbezirken ist der Fischfang ganzjährig verboten.

Auch die Bodden einschließlich der 12-Meilen-Küstenzone der Ostsee gelten als Küstengewässer. Um eine **Angelberechtigung** für die Küste zu erwerben, ist ein gültiger Fischereischein erforderlich. Es gibt Tages-, Wochen- und Jahresberechtigungen. Sie sind bei den Außenstellen des Landesamtes für Fischerei in Sassnitz, Lauterbach, Breege und Stralsund sowie in Angelgeschäften in Altenkirchen, Bergen, Binz und Sassnitz erhältlich. Zu bestellen sind sie bei:

Landesamt für Fischerei, Thierfelderstr. 18/19, 18059 Rostock, Tel. 03 81/403 50

Auskunft erteilen der **Kreisangelverband** Insel Rügen unter Tel. 03 83 92/344 41 sowie der **Landesanglerverband** Mecklenburg-Vorpommern unter Tel. 038 60/560 30, www.lav-mv.de.

Golf

Auf Rügen gibt es Golfanlagen in Karnitz und in Sassnitz in der Nähe des Fährhafens Mukran. Weitere Anlagen sind in der Ferienresidenz Rugana am Bakenberg und in Neddesitz auf Jasmund.

Golfanlage Schloss Karnitz, Tel. 03 83 04/824 70 , www.golfclub-ruegen.de. 18-Loch-Turnierplatz (Par 72), 9-Loch-Standardplatz (Par 60), Golfschule mit Driving-Range und Abschlagboxen sowie Übungsplatz für jedermann (Par 3)

Reiten

Überall auf Rügen gibt es Reiterhöfe, die oft auch Unterbringung anbieten und sowohl Reitstunden geben als auch Ausritte ermöglichen. An den meisten der bewachten und gepflegten Badestrände ist das Reiten ist jedoch nicht erlaubt.

Eine Auswahl der Reiterhöfe Rügens:

Green Valley Ranch, Altensien 14, Tel. 03 83 03/879 39, www.reiturlaub-ruegen.de

Pferdefarm Ostrügen, Neuensien/Seedorf, Tel. 03 83 03/869 48

Pferdehof Altkamp, Altkamp 3, Tel. 03 83 01/617 30, www.pferdehof-altkamp.de

Pferdehof Vierwitz, Dorfstr. 30, Vierwitz bei Zirkow, Tel. 03 83 93/145 50, www.hof-viervitz.de

Reiterhof Dubnitz, Dubnitz 15, Tel. 03 83 92/323 68

Reit- und Zuchthof Pätzold, Starrvitz, Tel. 03 83 91/82 33, www.reiterhof-paetzold.de

Schwimmen

Die **Wasserqualität** wird auf Rügen streng geprüft. Die beste Kategorie (1.) – völlig ohne Belastung – weisen alle Strände der Außenküsten auf, d. h. die gesamte Ostküste, die Westküste von Hiddensee wie auch die Nordküste von Wittow. Gelegentlich geringe Belastungen wurden an einigen Boddenküsten festgestellt, die jedoch unbedenklich sind (2. Kategorie). An einigen Punkten der Südküste sind dagegen leichte Verschmutzungen festgestellt worden, die aber nicht gesundheitsbeeinträchtigend sind (3. Kategorie). In den beiden schlechtesten Kategorien der fünfstufigen Skala finden sich keine Strände auf Rügen.

Das Baden im Meer und im Bodden ist an allen Stränden Rügens und Hiddensees erlaubt und unbedenklich. Besonders an den großen Sandstränden geht es recht flach ins Wasser, sodass Kinder relativ gefahrlos am Wasser spielen können. An vielen Stellen, wie z. B. entlang der gesamten Westküste von Hiddensee, sorgen zudem Buhnen (Dammkörper) in regelmäßigen Abständen für ein Bremsen der Wellen und einen gefahrlosen, seichten Eingang.

Die **Sicherheit** wird in der Badesaison während festgelegter Tageszeiten an allen ortsnahen und ausgewiesenen Badestränden durch die DLRG gewährleistet. Den Anweisungen des Personals ist unbedingt Folge zu leisten, denn bei starkem Witterungsumschwung können auch an seichten Stränden gefährliche Situationen entstehen. Es gibt einige Extrempunkte wie die Kaps und das Südperd, an denen bei Seegang verschiedene Meeresströmungen zusammentreffen, die für Schwimmer gefährlich werden könnten. Hier ist besondere Vorsicht geboten.

In der DDR galt das **Nacktbaden** als fortschrittlich und war weit verbreitet. Die Wiedervereinigung hat auch hier eine Wende gebracht. Inzwischen sind an den Badestränden voneinander getrennte Textil- und FKK-Bereiche ausgewiesen, wobei letztere sich meist an den äußersten Enden der Strände befinden und nicht selten mit den Hundestränden (!) kombiniert werden. Vielerorts neigt man jedoch dazu, diese Reglementierung zu ignorieren, sodass an den meisten Stränden ein unbekümmert-fröhliches »Jeder so viel Kleidung, wie er mag« gilt.

Für schlechtes Wetter oder die Zeit außerhalb der Badesaison gibt es ein vielfältiges Angebot beheizter **Hallenbäder**. Viele Hotels haben eigene Pools, die mitunter auch öffentlich zugänglich sind, z. B. im Cliff-Hotel in Sellin und im Hotel Binz-Therme in Binz. Auf Rügen und in Stralsund gibt es drei große Spaßbäder:

Jasmund-Therme, bei Neddesitz, Tel. 03 83 02/977 00, www.glowe.de/jasmundtherme

Inselparadies, Badstr. 1, Sellin, Tel. 03 83 03/12 30, www.inselparadies.de

HanseDom, Grünhufer Bogen 18–20, am Stadtrand von Stralsund, Tel. 038 31/373 30, www.hansedom.de

Die Nase in den Wind – kreuzender Segler zwischen Hiddensee und Rügen

Segeln

Der größte **Segelhafen** befindet sich in Lauterbach, wo mehrere Firmen Boote verleihen und Kurse anbieten:

Im Jaich, Marina Lauterbach, Am Yachthafen 1, 18581 Lauterbach, Tel. 03 83 01/80 90, Fax 03 83 01/809 10, www.im-jaich.de. Vermietung von Segeljachten, auch mit Skipper; Segel- und Schnupperkurse. 300 Liegeplätze und Winterlager für Schiffe.

Segelschule Rückenwind, Am Jachthafen, Lauterbach, Tel./Fax 03 83 01/809 40. Standardkurse mit VDS-Segelgrundschein sowie Schnupperkurse.

Windjammer Reederei, Puddemin Nr. 1, Poseritz, Tel. 03 83 07/405 55, Fax 03 83 07/4 11 37, www.yachtcharter-ruegen.de. Segeltörns für Gruppen und Einzelpersonen mit hochseetüchtigen Segelbooten.

Wasserwanderer finden *Liegeplätze* in: Altefähr, Breege, Dranske, Gager, Lauterbach, Neuendorf/Hiddensee, Wreecher See, Sagard, Sassnitz, Schaprode, Seedorf, Sellin, Vitte/Hiddensee, Ummanz-Bollwerk und Wiek.

Tankstellen für Motorboote und Jachten gibt es in den Häfen von Altefähr, Breege, Lauterbach, Neuendorf/Hiddensee, Ralswiek, Sagard, Sassnitz, Sellin-Bollwerk, Stralsund und Vitte/Hiddensee.

Windsurfen

Das Paradies für Surfer auf Rügen sind die windreichen Gegenden am Südperd des Mönchguts und am Strelasund sowie vor der Nordküste von Wittow. Surfschulen gibt es u. a. auf den Campingplätzen von Thiessow, Ummanz und Bakenberg auf Wittow (siehe Praktische Hinweise); außerdem in Lauterbach (Tel. 03 83 01/80 90).

◼ Statistik

Der **Landkreis Rügen** mit einer Fläche von 986 km² umfasst die Inseln Rügen, Hiddensee, Ummanz und eine Reihe von kleineren Inseln in deren Nachbarschaft. Seine insgesamt 76 000 Einwohner verteilen sich auf vier Städte (Kreisstadt Bergen 14 000 Einw., Garz 1800 Einw., Putbus 5000 Einw., Sassnitz 11 800 Einw.) und 41 Gemeinden. Unter den Gemeinden zählen Binz (5600 Einw.) und Dranske (2300 Einw.) zu den größten. 15 400 ha des Landkreises sind Waldgebiete.

Die Fläche der **Insel Rügen** beträgt 926 km² bei einer maximalen Ausdehnung von 51,4 km in Nord-Süd-Richtung und 42,8 km in Ost-West-Richtung. **Höchste Erhebung** ist mit 161 m der Piekberg (Halbinsel Jasmund). Das **Straßennetz** umfasst kanpp 2000 km, das ausgewiesene **Radwegenetz** ca. 500 km. Rügens **Küstenlänge** beträgt insgesamt 574 km, wovon 56 km als Sandstrände, 27 km als Naturstrände und 2,8 km als Boddenstrände ausgewiesen sind.

Die Insel **Hiddensee** verzeichnet eine Fläche von 16,8 km² bei einer Länge von 18,6 km und einer Breite zwischen 300 m und 3,7 km. **Höchste Erhebung** mit 72,5 m ist der Bakenberg. Die 1200 Einwohner verteilen sich auf die vier Ortschaften Grieben, Kloster, Vitte und Neuendorf. Die Länge der **Sandstrände** beläuft sich auf 13 km.

Freizeit- und Erholungsinfrastruktur: Auf ganz Rügen gibt es rund 130 Hotels mit 12 000 Betten, 80 Pensionen mit 2000 Betten und 75 Gasthöfe mit 1320 Betten; im Jahr 2005 wurden auf Rügen rund 7,5 Mio. Übernachtungen verzeichnet.

Häfen: Es gibt 21 Sport- und Jachthäfen und 3 Fischer- und Personenschifffahrtshäfen. Die Ostseebäder Binz, Sellin und Göhren haben Seebrücken, die von kleineren Fahrgastschiffen angefahren werden.

Hansestadt Stralsund: Kreisfreie Stadt mit knapp 60 000 Einwohnern.

Unterkunft

Die Vermittlung von Hotel-, Pensions- und Privatzimmern sowie Ferienwohnungen und Apartments ist über die Touristenbüros der jeweiligen Orte möglich (s. Praktische Hinweise). Ein umfassendes **Gastgeberverzeichnis** für Rügen und Hiddensee verschickt der *Tourismusverband* Rügen in Bergen [s. S. 129].

Einige private Anbieter vermitteln Zimmer, Apartments und Ferienwohnungen auf Rügen, so z. B.:

Apartmentvermietung Rügen, Strandstr. 12, 18586 Göhren. Tel. 03 83 08/666 60, Fax 03 83 08/66 66 13, www.avr.de (Südostrügen)

Mönchgut Ferien, Christa Triphan, Boddenstr. 41, 18586 Groß Zicker, Tel. 03 83 08/302 38, Fax 03 83 08/302 39, www.zimmervermittlung-moenchgut.de (Halbinsel Mönchgut)

Sander-Touristik, Wylichstr. 13, 18609 Binz, Tel. 03 83 93/302 70, Fax 03 83 93/302 81, www.sander-touristik.de (Binz, Sellin und Nordrügen)

Touristik Service Rügen GmbH, Werftstr. 2, 18439 Stralsund, Tel. 038 31/285 70, Fax 038 31/28 57 28, www.insel-ruegen.com (ganz Rügen)

Zimmervermittlung Rügen, Grubnow Nr. 1, 18569 Neuenkirchen, Tel. 07 00/55 33 44 66 (0,14 €/Min.), www.zv-ruegen.de (ganz Rügen)

Apartment- und Ferienanlagen

Die größeren Anlagen finden sich fast ausschließlich in den Seebädern des Südostens. Die Buchung erfolgt meist wochenweise, ist außerhalb der Saison jedoch auch für kürzere Zeitabschnitte möglich. Der Preis gilt in der Regel für die Wohneinheit, nicht pro Person, dennoch wird darauf geachtet, dass die vorgegebene Bewohnerzahl nicht überschritten wird. Oft wird bei Auszug eine Reinigungsgebühr erhoben. In vielen dieser Anlagen fallen für die Nutzung von Sportanlagen, Fahrrädern, Sauna etc. zusätzliche Kosten an.

Camping

Es gibt etwa 20 offizielle und eine ganze Reihe privater Campingplätze auf Rügen, dagegen keinen einzigen auf Hiddensee. Die Plätze sind weitläufig, liegen in der Regel am Wasser und haben meistens Baumbestand. Da sie in DDR-Zeiten das Gros der Urlauber aufnahmen, bieten viele von ihnen auch Bungalows und Ferienhäuser. Ein Adressenverzeichnis der Campingplätze mit Übersichtskarte und Standarddetails ist beim *Tourismusverband Rügen* in Bergen erhältlich [s. S. 129].

Eine detaillierte Beschreibung geprüfter Campingplätze bietet auch der jährlich aktualisierte **ADAC Camping-Caravaning-Führer** Band *Deutschland und Nordeuropa* (auch als CD-ROM).

Ferienhäuser und Ferienwohnungen

Die Zahl der privaten Ferienwohnungen und -häuser wächst ständig; die Angebote werden sowohl über lokale als auch regionale Vermittlungen weitergegeben, in Katalogen wie auch durch Zeitungsannoncen. Die Ausstattung ist überwiegend freundlich, hell und in sommerlich-mediterranem Stil. Da man in Einzelfällen noch einen veralteten Ausstattungsstandard vorfinden kann, sollte man sich vorher genau informieren.

Hotels

Man kann deutlich unterscheiden zwischen Großhotels mit umfassendem Angebot wie Restaurant, Bar, Sauna etc., die das ganze Jahr über geöffnet haben, und mittleren Hotels mit geringerem Leistungsangebot und eher familiärer Atmosphäre. Fast alle Hotels sind nach der Wende entstanden und verfügen über ein ausgezeichnetes Ausstattungsniveau, moderne Bäder und gute Betten. Für die Nutzung von Extra-Angeboten wie Sauna, Fahrräder u.ä. werden meist Gebühren erhoben.

Jugendherbergen und -dörfer

Seit die Jugendherberge im Koloss von Prora geschlossen wurde, gibt es auf Rügen nur noch die Jugendherberge von Binz, die – unmittelbar an der Strandpromenade gelegen – enormen Zuspruch erfährt und in der man deshalb unbedingt reservieren sollte. In Stralsund gibt es eine etwas außerhalb gelegene Jugendherberge in Devin. Jugendferiendörfer gibt es in Drewoldke bei Juliusruh (JUWIT) und auf Ummanz (JUMM). Ihre Angebote stehen auch privaten Gruppen und größeren Familien offen.

Jugendherberge Binz, Strandpromenade 35, Binz, Tel. 03 83 93/313 60 für Gruppen, Tel. 03 83 93/325 97 für Einzelgäste und Familien, Fax 03 83 93/325 96, www.jh-binz.de. Verfügt über 143 Betten, vorwiegend in 5-Bett-Zimmern.

Jugendherberge Devin, Strandstr. 21, Devin, Tel. 038 31/49 02 89, Fax 038 31/49 02 91, www.djh-mv.de. Einfaches, preisgünstiges Haus direkt am Strelasund.

Internationales Jugenddorf Wittow, Hinter der Düne 2, Altenkirchen, Tel. 03 83 91/431 68, Fax 03 83 91/431 69, www.jugenddorf.de. Verteilt auf 15 Häuser mit 2- bis 6-Bett-Zimmern. Im Wald an der Schaabe mit ihrem kilometerlangen Strand gelegen, geeignet für Gruppen jeden Alters, Jugendliche und Familien. Bietet vielfältige Sportmöglichkeiten.

Internationales Jugenddorf Ummanz (JUMM), Markow auf Ummanz, Tel. 03 83 05/81 07, Fax 03 83 05/553 11, www.jugenddorf-ruegen.de. Die zehn Häuser in reizvoller Lage stehen Jugendlichen, Gruppen und Familien offen.

Pensionen

Es gibt unendlich viele freundliche und familiäre Pensionen in allen Orten Rügens und auch auf Hiddensee. Sie haben in der Regel zwischen 8 und 15 Zimmer, sind gemütlich eingerichtet und liegen hübsch. Die meisten Pensionen sind nach 1990 gebaut oder grundlegend saniert worden, sodass die Zimmer eigene Bäder oder sehr gute Etagenbäder haben. Immer ist ein reichhaltiges Frühstück eingeschlossen.

Privatzimmer

Zimmer in Privathäusern gibt es sehr selten. Sie werden über die Vermittlungen angeboten, manchmal sieht man auch das Schild ›Zimmer frei‹ an Privathäusern. Der Standard ist hier meist noch etwas altbacken, die Preise dementsprechend modest. Das Frühstück ist in der Regel eingeschlossen.

Wohnmobil

Rügen bietet gut ausgestattete Stellplätze in allen wichtigen Ferienorten. Sie verfügen über sanitäre Einrichtungen und Wasserzapfsäule. Detaillierte Beschreibungen geprüfter Plätze bietet der jährlich aktualisierte *ADAC StellplatzFührer Deutschland Europa*, der im Buchhandel erhältlich ist. Die **ADAC Wohnmobilvermietung** vermietet ganzjährig Wohnmobile, ADAC-Mitglieder genießen Preisvorteile und Zusatzleistungen (Tel. 018 05/33 81 81 (0,14 €/Min.)

▮ Verkehrsmittel

Bahn

Auf Rügen verkehrt die **Deutsche Bahn** ab Stralsund über den Rügendamm und unterhält Bahnhöfe in Bergen, Binz und Sassnitz. Auf der Strecke gibt es eine Reihe weiterer Haltepunkte. Von der Hauptstrecke gibt es eine **Zubringerbahn** von Bergen zur Endstation der Rügenschen Kleinbahn in Putbus oder Lauterbach.

Rügensche Kleinbahn: Ab Putbus oder Lauterbach verkehrt der über 100 Jahre alte ›Rasende Roland‹ mit Dampfzügen im 2-Stunden-Takt zwischen Putbus bzw. Lauterbach und Göhren. Der Zug fährt von 5.30 bis 22 Uhr 8-mal am Tag je Richtung und braucht für die Strecke rund 1 Stunde und 45 Minuten (je nach Aufenthalt in Putbus). Haltestellen: Lauterbach

Mole, Putbus, Beuchow, Posewald, Seelvitz, Serams, Binz, Schloss Granitz, Garftitz, Sellin, Baabe, Phillipshagen und Göhren. Info:

Rügensche Kleinbahn GmbH & Co.,
Binzer Str. 12, 18581 Putbus,
Tel. 03 83 01/801 12, Fax 03 83 01/801 15,
www.rasender-roland.de

Bus

Die Rügener Personennahverkehrs GmbH (RPNV) bietet in der Saison acht verschiedene Ausflugsrouten zu den wichtigsten touristischen Zielen auf der Insel, auf denen man mit Tagestickets oder dem Umwelt-Ticket fahren kann. Zudem gibt es einen regelmäßigen Busservice mit ca. 40 Linien von Bergen zu allen größeren Orten auf der Insel. Die Fahrpläne ändern sich von Saison zu Saison. *Auskunft:*

Rügener Personennahverkehrs GmbH,
Tilzower Weg 33, 18528 Bergen,
Tel. 038 38/82 29 10, Fax 038 38/82 29 29,
www.rpnv.de

Fahrrad

Das Radwegenetz auf Rügen von derzeit rund 500 km ist noch im Ausbau. Auf der Halbinsel Wittow ist es gut, auf dem Jasmund dagegen kaum existent, in Südrügen ebenfalls gut, im Südosten nur abschnittsweise ausgebaut. Oft kann man jedoch auch die kleinen Seitenstraßen nutzen, während die Nutzung der großen Bundesstraßen generell vermieden werden sollte.

In den Fremdenverkehrsämtern sind Rügenkarten mit Radwegen erhältlich. In den meisten Orten Rügens gibt es Möglichkeiten, Fahrräder zu mieten, so z. B. in:

Bergen: Zweirad Kresse, Dammstr. 31, Tel. 038 38/25 13 72

Binz: Deutschmann, Dollahnerstr. 17 und am Großbahnhof, Tel. 03 83 93/324 20

Breege-Juliusruh: P. Schröder, Dorfstr. 88, Tel. 03 83 91/126 57

Göhren: Tilly, Schulstr. 7, Tel. 03 83 08/22 40

Middelhagen: Zweirad Deutschmann, Dorfstr. 35, Tel. 03 83 08/254 82

Putbus: Alberts Fahrrad-Service, Bahnhofstr. 7, Tel./Fax 03 83 01/429

Sellin: Rental-Station Seepark Sellin, Mönchguter Str. 7, Tel. 03 83 03/866 55

Sassnitz: Fahrrad Harm, Hafenstr. 19 b, Tel. 03 83 92/350 75

Auf **Hiddensee** gibt es an allen drei Fährhäfen Leihstationen. Man muss aber das Fahrrad dort abgeben, wo man es geliehen hat. Für Tagesbesucher lohnt es nicht, das eigene Fahrrad mitzubringen, denn die Fährgebühren für Fahrräder übersteigen die Tages-Leihgebühren auf Hiddensee.

Flugzeug

Die **Ostsee-Flug-Rügen GmbH** bietet Charterflüge und Inselrundflüge in ein- und zweimotorigen Maschinen vom Flughafen Güttin aus. Info:

Tel. 03 83 06/12 89, Fax 03 83 06/211 59,
www.flugplatz-ruegen.de

Mietwagen

Lokale Anbieter finden sich z. B. in Bergen, Sassnitz und Stralsund.

Mitglieder können über die ADAC-Geschäftsstellen oder unter Tel. 018 05/ 31 81 81 (0,14 €/Min.) bei der *ADAC-Autovermietung GmbH* preisgünstig ein Auto vorbuchen.

Schiff

Scandlines Deutschland GmbH, Fährhafen Sassnitz, Tel. 018 05/11 66 88 (0,14 €/ Min.), www.scandlines.de. Fähren von Sassnitz nach *Trelleborg* in Schweden.

Reederei Hiddensee GmbH, Fährstr. 16, 18439 Stralsund, Tel. 038 31/26 81 30, Infotel. 01 80/321 21 50 (0,09 €/Min.), www.reederei-hiddensee.de. Fähren von Hiddensee (Vitte) nach *Ralswiek* und *Wiek*.

Reederei Ostsee-Tour, Hafenstraße 12 j, 18546 Sassnitz, Tel. 03 83 92/31 50, www.reederei-ostsee-tour.de. Ausflüge von Sassnitz, Binz, Sellin und Göhren zu den *Kreidefelsen*, zum *Kap Arkona* sowie zu einer Tour rund um Rügen und nach *Peenemünde* (Usedom).

Boddenreederei Gutowski,
Zum Höft 15 a, Gager, Tel. 03 83 08/83 89, Fax 03 83 08/83 92. Ausflüge von Göhren, Sellin und Binz zu den *Kreidefelsen*, nach *Greifswald* und *Peenemünde* (Usedom).

Personenschifffahrt Kiep, Dorfstr. 101, Breege, Tel. 03 83 91/123 06. Ausflüge von Breege und Ralswiek nach *Hiddensee:*

Reederei Ernst Lojewski, Schlossallee 4–5, 18546 Sassnitz, Tel. 03 83 92/351 36, Fax 03 83 92/233 63. Ausflüge von Sassnitz zu den *Kreidefelsen*.

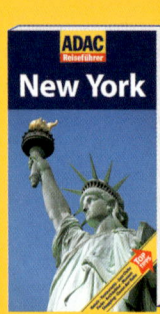
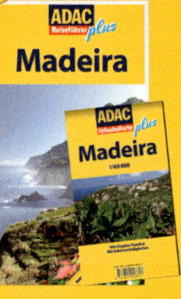

Register

A

Absalon von Roskilde, Bischof 12, 22
Alt Reddevitz 51, 60
Altefähr 14, 18–19, 37, 124, 125, 130, 132, 136
Altenkirchen 13, 79, 81, 81–83, 87, 88, 102, 135, 138
Altensien 51
Altkamp 51
Andrae, Elisabeth 109
Arndt, Ernst Moritz 14, 23, 34, 35, 37, 38, 82, 120
Arnheim, Clara 109
Arnim, Elisabeth von 25
Auguste Viktoria, Kaiserin 66
Stubbenkammer 65, 69, 72

B

Baabe 9, 52, 54–56, 131, 132, 133, 134, 139
Backsteinarchitketur 6, 9, 10, 21, 22, 32, 36, 49, 61, 81, 85, 90, 101, 102, 108, 117, 118, 121, 122
Bakenberg 61, 79, 89, 135, 136, 137
Bamberg, Katharina 109
Banzelvitzer Berge 101
Barlach, Ernst 109, 119
Barthel, Kurt 15, 94
Benn, Gottfried 109
Bergen 8, 15, 18, 21–24, 76, 84, 97, 101, 102, 129, 130, 131, 132, 133, 135, 136, 137, 138, 139
Bessin 20, 105, 106
Binz 6, 8, 9, 14, 15, 28, 41, 41–45, 47, 48, 49, 51, 54, 96, 129, 130, 132, 133, 134, 135, 136, 137, 138, 139
Biosphärenreservat Südost-Rügen 7, 32, 51, 55, 61, 134
Bismarck, Otto von 25, 29
Bobbin 13, 73–75, 95
Bogislaw II., Herzog 12
Breege 136
Breege Juliusruh 79–81, 133, 134, 139
Broder, Hans 33, 36
Bug 89–91
Burgwälle 9, 23, 34, 72, 84

C

Carus, Carl Gustav 32, 70
Cazimir II., Herzog 12
Crespi, Daniele 29

D

Dahl, Johan Christian Claussen 70
Dänholm 20, 125
Darz 47
Deutsche Alleenstraße 15, 34, 39, 56
Dobberworth 77
Dornbusch 101, 105–106
Dornicke, Jan van 98
Drake, Friedrich 29
Dranske 79, 89–91, 134, 136
Drigge 39
Dummertevitz 49
Dünenheide 105, 110

E

Einstein, Albert 109
Ettenburg, Alexander 109

F

Fährinsel 110
Felsenstein, Walter 106
Feuchtwanger, Lion 109
Forst, Willi 109
Freese, Jacob 22, 39
Freud, Sigmund 109
Friedrich Wilhelm I., Großer Kurfürst 13, 30
Friedrich Wilhelm I., König 30
Friedrich Wilhelm III., König 31
Friedrich, Caspar David 32, 70, 71, 88, 122

G

Gager 61
Garz 12, 13, 14, 18, 34–37, 84, 136
Gellen 111
Gellort 86
Gert, Valeska 109
Gingst 6, 13, 93, 96–98, 101
Glowe 75–76, 132, 134, 136
Godeke von Wickede 13, 19
Göhren 6, 9, 14, 28, 41, 51, 52, 54, 55, 56–59, 60, 61, 77, 129, 133, 134, 137, 138, 139
Götemitz 20, 82
Granitz 7, 25, 29, 41, 48, 49, 52
Grenander, Alfred 108
Grieben 105, 106, 137
Groß Schoritz 34, 37–39
Groß Zicker 61
Großer Jasmunder Bodden 6, 14, 65, 66, 74, 75, 77, 80, 93, 101–102
Grümbke, Johann Jacob 51, 70, 101
Gummanz 74
Gustow 39

H

Haas, Alfred 107
Hagen 47, 59
Hagenow, Friedrich von 14
Halliger, Christian Friedrich 28
Hanse 10, 15, 95, 115, 124
Hauptmann, Gerhart 15, 25, 26, 106, 107, 109, 112
Having 49, 49–52, 60
Heckel, Erich 109
Heinrich der Löwe, Herzog 12
Helmold von Bosau 12, 84
Henckels, Paul 109
Herthasee 72
Hiddensee 6, 7, 9, 10, 13, 14, 15, 73, 80, 89, 90, 93, 101, 102, 103, 104–113, 124, 130, 131, 134, 135, 136, 137, 138, 139
Hoch Hilgor 101
Holländer, Friedrich 109
Hügelgräber 49, 76
Humboldt, Alexander von 25, 82
Humboldt, Wilhelm von 23, 25, 82
Hünengräber 9, 12, 14, 18, 23, 49, 55, 72, 88

J

Jagdschloss Granitz 14, 25, 29, 48–49, 139
Jaromar I. 13, 21, 22, 23
Jasmund 9, 13, 65–77, 84

K

Kap Arkona 9, 12, 14, 74, 79, 81, 83–86, 89, 91, 101, 133, 134, 139
Karnitz 36, 37, 135
Kasnevitz 51
Katsch, Gerhardt 14
Kersting, Georg Friedrich 70
Kessler, Elias 36, 82
Kiefer 88
Kielut 17
Kindt, Christian 97
Klein 67
Klein Zicker 63
Kleiner Jasmunder Bodden 14, 21, 45, 65, 66, 68, 77
Klementelvitz 75
Kloster 103, 105, 106–108, 111, 112, 113, 130, 137
Klotz, Clemens 45
Kniepower See 36
Kollwitz, Käthe 109
Königsstuhl 9, 71, 72
Kosegarten, Gotthard Ludwig Theobul 35, 81, 82, 87, 88

Kruse, Käthe 108
Kruse, Oskar 106, 107, 109
Kuhle 90

L

Lancken 90
Lancken-Granitz 12, 49–52, 134
Lauterbach 6, 9, 14, 25, 30, 31–34, 51, 70, 76, 133, 135, 136, 138
Lebbin 101
Lehmann, Else 109
Lehmann, Henni 109
Liddower Haken 101
Lietzow 12, 77, 131
Lilienfeld, Nikolaus 118
Lobbe 61–63
Lohme 9, 66, 69, 72–73, 131
Lubkow 47

M

Mann, Thomas 109
Mehmel, Daniel 33
Michels, Gödeke 95
Middelhagen 41, 59–61, 134, 139
Midow, Claus 33
Mönchgut 12, 13, 41, 51, 52, 56, 57, 58, 59, 60, 61, 63, 133, 136, 137
Moritzdorf 50, 51, 55
Mucchi, Gabriele 88
Mukran 15, 66, 67, 68
Müller, Michael 91

N

Nadelitz 70
Nationalpark Jasmund 7, 65, 69–72, 73, 134
Nationalpark Vorpommersche Boddenlandschaft 7, 90, 99, 101, 105, 106, 111, 134
Naturschutzgebiet Nordwestküste 89
Neddesitz 74, 135, 136
Neu Mukran 65, 67–68
Neuendorf 14, 103, 105, 110–111, 113, 130, 136, 137
Neuenkamp 13, 104, 106, 120
Neuenkirchen 101, 102
Neuensien 51
Neukamp 29, 30
Nielsen, Asta 108, 109
Nordperd 51, 56, 57
Novalis 70

O

Olivier, Ferdinand 70

P

Palucca, Gret 106, 134
Patzig 94, 96
Perten, Hans Anselm 94
Picht, Johann Gottlieb 13, 96

Piekberg 69, 137
Poseritz 37, 39
Prora 10, 14, 41, 45–47, 138
Prorer Wiek 41, 45
Putbus 8, 9, 13, 14, 18, 24–31, 32, 34, 41, 49, 51, 79, 133, 134, 136, 138, 139
  Circus 25
  Historische Uhren- und Musikgeräte-Museum 27
  Kunstverein Rügen 26
  Malte-Denkmal 29
  Markt 26
  Marstall 29
  Mausoleum 29
  Orangerie 29
  Pädagogium 26
  Puppen- und Spielzeugmuseum 29
  Schlosskirche 29
  Schlosspark 28
  Theater 26
  Villa Lottum 26
  Villa Löwenstein 29
Putgarten 79, 83, 86–87

Q

Quistorp, Johann Gottfried 70

R

Ralswiek 7, 13, 15, 80, 81, 93–96, 134, 136, 139
Rambin 13, 18, 19–21, 35
Rappin 101, 102
Rasender Roland 9, 14, 24, 28, 31, 54, 138
Reinhardt, Max 109
Riesenberg von Nobbin 12, 88
Ringelnatz, Joachim 109
Rugard 21, 23
Rügendamm 14, 15, 18, 39, 125, 130, 138
Runge, Philipp Otto 70, 88, 122
Ruschvitz 75

S

Sagard 12, 76–77, 84, 136
Sassnitz 8, 14, 15, 43, 45, 65–69, 72, 76, 77, 95, 96, 129, 130, 131, 133, 134, 135, 136, 138, 139
Saxo Grammaticus 13, 84, 104
Schaabe 65, 74, 75, 76, 79
Schaprode 13, 102–103, 111, 130, 136
Scheele, Carl Wilhelm 119
Schinkel, Karl Friedrich 14, 29, 48, 49, 85
Schleiermacher, Friedrich Ernst 82
Schloss Spyker 15, 73–75
Schlüter, Andreas 118
Schmale Heide 65
Schoritzer Wiek 38

Schubert, Franz 82
Seedorf 50, 51, 52
Sellin 6, 9, 41, 48, 49, 52–54, 96, 129, 133, 134, 136, 137, 139
Spalding, Otto W. 108
Starrvitz 90
Steinbach, Wilheilm 26
Steinmeyer, Johann Gottfried 25, 26, 29, 48
Stellwagen, Friedrich 117
Störtebeker, Klaus 15, 38, 75, 80, 93, 94, 95, 96
Stralsund 10, 12, 13, 14, 15, 18, 19, 22, 25, 33, 36, 39, 60, 63, 77, 79, 82, 88, 91, 98, 102, 104, 105, 107, 111, 115–127, 130, 132, 133, 134, 135, 136, 137
  Alter Markt 117
  Commandanten-Hus 119
  Deutsches Meeresmuseum 122
  Dielenhaus 120
  Giebelhaus 119
  Gorch Fock I 124
  Hafen 124
  Hansakai 124
  Heilgeistkloster 123
  Historischer Speicher 122
  Johannisklosters 119
  Kampischer Hof 120
  Katharinenkloster 120
  Kniepertor 119
  Kulturhistorisches Museum 122
  Kütertor 120
  Marienkirche 117
  Mühlenstr. 1 120
  Museumshaus 122
  Nikolaikirche 117
  Ossenreyerstraße 117
  Ozeaneum 124
  Rathaus 117
  Scheelehaus 119
  Schiffer-Compagnie 123
  St. Jakobi 122
  Theater Vorpommern 119
  Wulflamhaus 120
Strelasund 18, 38, 39, 115, 117, 125
Stubbenkammer 6
Stubnitz 9, 69–72
Stüler, Friedrich August 29
Südperd 59, 63, 135–136
Svantevit 12, 23, 82, 84

T

Taut, Max 108, 109
Tetzitzer See 101
Thiessow 51, 61, 63, 96, 134, 136
Thietmar von Merseburg 12
Tieck, Ludwig 70
Todenhagen, Gustav Bernhard 28
Tollow 38
Trent 101, 102
Tribbevitz 102

Ummanz 6, 93, 97, 98, 99–100, 101, 132, 133, 136, 138

Vieregge 101
Vilm 31–34, 51, 56
Vitt 82, 86–89, 90, 106
Vitte 103, 105, 108–110, 111, 112, 113, 129, 130, 131, 134, 136, 137, 139

Waase 6, 98
Waldemar I. von Dänemark 12
Wiek 91
Wilhelm Malte I., Fürst 14, 24, 25, 28, 29, 31, 32, 47, 48
Wissower Klinken 69, 71
Wittow 9, 70, 79, 79–91, 101, 129, 135, 136, 138, 139
Wittower Fähre 91, 102, 130
Witzlaw I., Fürst 13

Witzlaw II., Fürst 13
Witzlaw III., Fürst 13
Woorker Berge 7, 96
Wreechen 29
Wreechensee 30, 51

Z

Zickersches Höft 61–63
Zirkow 47–48, 132, 135
Zisterzienser 13, 21, 22, 23, 104, 106, 120
Zudar 15, 18, 37–39

Impressum

Lektorat und Bildredaktion: Irene Unterriker
Aktualisierung: Astrid Rohmfeld
Karten: Computerkartographie Carrle, München
Herstellung: Martina Baur
Druck, Bindung:
Firmengruppe APPL, sellier druck, Freising
Printed in Germany

Ansprechpartner für den Anzeigenverkauf:
Kommunalverlag GmbH & Co KG,
MediaCenterMünchen, Tel. 089/92 80 96-44

ISBN 978-3-89905-624-2
ISBN 978-3-89905-550-4 Reiseführer Plus

Gedruckt auf chlorfrei gebleichtem Papier

Neu bearbeitete Auflage 2008
© ADAC Verlag GmbH, München

Bildnachweis

Umschlag-Vorderseite: Rügens atemberaubende Kreideküste. Foto: Hartmuth Friedrichsmeier, Hamburg (Fotostudio Böttcher)
Umschlag-Vorderseite Reiseführer Plus: Leuchtturm auf Hiddensee. Foto: Bildagentur Huber, Garmisch-Partenkirchen (R. Schmid)

Titelseite
Oben: Badespaß und Strandvergnügen – Seebad Göhren (Wh. von S. 58)
Mitte: Hiddensee in Sicht – Leuchtturm auf dem Dornbusch (Wh. von S. 104)
Unten: Rohrgedeckte Häuser und Blumengärten auf der Halbinsel Mönchgut (Wh. von S. 60)

Gunda Amberg Farbdia-Archiv, Gröbenzell: 88 (A. Birkmann), 87 oben – AKG, Berlin: 14, 35, 70, 82, 109 – Werner Dieterich, Stuttgart: 25, 59, 83, 108, 119, 122, 128 oben und Mitte rechts, 136 – FAN, Lüneburg: 7 unten (Peter Mross), 8 oben (Jens Rufenach) – Hartmuth Friedrichsmeier, Hamburg (Fotostudio Böttcher) 6 – Bildagentur Huber, Garmisch-Partenkirchen: 6, 55, 124 (Mehlig), 8 unten, 48, 50 unten, 57, 60, 78, 92, 112, 118 (R. Schmid), Umschlag-Rückseite Restaurants (Gräfenhain) – Ottmar Heinze, Hamburg: 69 – IFA-Bilderteam, Ottobrunn bei München: 87 unten (Gerig), 101 (Köpfle), 120 (Aberham) – Volkmar E. Janicke, München: 9 unten – Kulturhistorisches Museum der Hansestadt Stralsund: 12 – laif, Köln: 5 (2), 7 oben, 8 Mitte, 9 oben, 10 (2), 11 oben und Mitte, 19, 20, 21, 26, 27 (2), 30, 31, 32, 34, 36 (2), 37, 38, 39, 40, 42 (2), 43, 44, 50 oben, 52, 53, 58, 62, 64, 66, 68, 71, 72, 73, 74, 76, 80 (2), 81, 85, 94 (2), 95, 96, 97, 98, 99, 100, 102, 103, 104, 106, 107, 110 (2), 111, 113 (2), 114, 116, 128 Mitte links und unten, 133 (Kirchner), 69 (H. D. Zielske) – LOOK, München: 11 unten, 18, 22, 49, 123 (Hauke Dressler) – Mauritius, Mittenwald: 28, 77 (Mehlig), 117 (Tina und Horst Herzig) – PhotoPress, Stockdorf bei München: 16/17 (Schlierbach), 121 (Arden) – Gunther Reymann, Putbus: 23 – picture-alliance, Frankfurt/Main: 15 (Sandra Steins) – Süddeutscher Verlag/Bilderdienst, München: 45, 46 – Tourismuszentrale der Hansestadt Stralsund: 127 – Traditionsräucherei Lietzow: 132